SUPER
J-Book Series

生物基礎
2023高卒認定

スーパー実戦過去問題集

編集●J-出版編集部　　　　　制作●J-Web School

最新過去問題
&詳細解説

6回分

(2020~2022年)

J-出版

もくじ

高卒認定情報ほか

問題／解答・解説

高卒認定試験の概要

1. 高等学校卒業認定試験とは

高等学校卒業程度認定試験（高卒認定試験）は、高等学校を卒業していないなどのため、大学等の受験資格がない方に対し、高等学校卒業者と同等以上の学力があるかどうかを認定する試験です。合格者には大学・短大・専門学校や看護学校などの受験資格が与えられるだけでなく、高等学校卒業者と同等以上の学力がある者として認定され、就職、転職、資格試験等に広く活用することができます。ただし、試験で合格点を得た者が満18歳に達していないときには、18歳の誕生日の翌日から合格者となります。

2. 受験資格

受験年度末の3月31日までに満16歳以上になる方。現在、高等学校等に在籍されている方も受験が可能です。ただし、すでに大学入学資格を持っている方は受験できません。

3. 実施日程

試験は8月と11月の年2回実施されます。8月試験と11月試験の受験案内（願書）配布開始日、出願期間、試験日、結果通知送付日は以下のとおりです（令和4年度の実施日程を基に作成しています。最新の実施日程については文部科学省のホームページを確認してください）。

	第1回（8月試験）	第2回（11月試験）
配 布 開 始 日	4 月 4 日(月)〜	7 月19日(火)〜
出 願 期 間	4 月 4 日(月)〜 5 月 9 日(月)	7 月19日(火)〜 9 月13日(火)
試 験 日	8 月 4 日(木)・5 日(金)	11月 5 日(土)・6 日(日)
結果通知送付日	8 月30日(火)発送	12月 6 日(火)発送

4. 試験科目と合格要件

試験の合格者となるためには、合格要件に沿って8科目もしくは9科目、10科目の試験科目に合格することが必要です（「公民」および「理科」の選択科目によって科目数が異なります）。

教科	試験科目	科目数	合格要件
国語	国語	1	必修
地理歴史	世界史A、世界史B	1	2科目のうちいずれか1科目必修
	日本史A、日本史B	1	4科目のうちいずれか1科目必修
	地理A、地理B		
公民	現代社会	1または2	「現代社会」1科目／「倫理」および「政治・経済」の2科目　いずれか必修
	倫理		
	政治・経済		
数学	数学	1	必修
理科	科学と人間生活	2または3	以下の①、②のいずれかが必修 ①「科学と人間生活」の1科目と「物理基礎」、「化学基礎」、「生物基礎」、「地学基礎」のうち1科目（合計2科目） ②「物理基礎」、「化学基礎」、「生物基礎」、「地学基礎」のうち3科目（合計3科目）
	物理基礎		
	化学基礎		
	生物基礎		
	地学基礎		
外国語	英語	1	必修

5. 試験科目の出題範囲

試験科目	出題範囲（対応する教科書名）	
国語	「国語総合」古文・漢文含む	
世界史A	「世界史A」	
世界史B	「世界史B」	
日本史A	「日本史A」	
日本史B	「日本史B」	平成25年4月以降の高等学校入学者が使用している教科書
地理A	「地理A」	
地理B	「地理B」	
現代社会	「現代社会」	
倫理	「倫理」	
政治・経済	「政治・経済」	
数学	「数学Ⅰ」	
科学と人間生活	「科学と人間生活」	
物理基礎	「物理基礎」	平成24年4月以降の高等学校入学者が使用している教科書
化学基礎	「化学基礎」	
生物基礎	「生物基礎」	
地学基礎	「地学基礎」	
英語	「コミュニケーション英語Ⅰ」	平成25年4月以降の高等学校入学者が使用している教科書

出願から合格まで

1. 受験願書の入手

　受験案内（願書）は、文部科学省や各都道府県教育委員会、各都道府県の配布場所などで配布されます。ただし、配布期間は年度毎に異なりますので、文部科学省のホームページなどで事前に確認してください。なお、直接取りに行くことができない方はパソコンやスマートフォンで受験案内（願書）を請求することが可能です。

〈パソコンもしくはスマートフォンで請求する場合〉
　　次のURLにアクセスし、画面の案内に従って申し込んでください。　　https://telemail.jp/shingaku/pc/gakkou/kousotsu/
○受験案内（願書）は、配布開始時期のおよそ1か月前から出願締切のおよそ1週間前まで請求できます。
○請求後、受験案内（願書）は発送日から通常3〜5日程度で届きます。ただし、配布開始日以前に請求した場合は予約扱いとなり、配布開始日に発送されます。
○受験案内（願書）に同封されている支払い方法に従って料金を払います。
○不明な点はテレメールカスタマーセンター（TEL：050-8601-0102　受付時間：9:30〜18:00）までお問い合わせください。

2. 出願書類の準備

　受験案内（願書）を入手したら、出願に必要な次の書類を用意します（令和4年度の受験案内を基に作成しています。内容が変更になる場合もあるため、最新の受験案内を必ず確認してください）。

①受験願書・履歴書
②受験料（収入印紙）
③写真2枚（縦4cm×横3cm）　※同じ写真を2枚用意
④住民票または戸籍抄本
⑤科目合格通知書　※一部科目合格者のみ
⑥試験科目の免除に必要な書類（単位修得証明書、技能審査の合格証明書）　※試験科目の免除を申請する者のみ
⑦氏名、本籍の変更の経緯がわかる公的書類（戸籍抄本等）　※必要な者のみ
⑧個人情報の提供にかかる同意書　※該当者のみ
⑨特別措置申請書および医師の診断・意見書　※必要な者のみ
⑩出願用の封筒

①受験願書・履歴書
　受験願書・履歴書の用紙は受験案内に添付されています。
②受験料（収入印紙）
　受験科目が7科目以上の場合は8,500円、4科目以上6科目以下の場合は6,500円、3科目以下の場合は4,500円です。受験料分の日本政府発行の収入印紙（都道府県発行の収入証紙等は不可）を郵便局等で購入し、受験願書の所定欄に貼り付けてください。
③写真2枚（縦4cm×横3cm）
　出願前6か月以内に撮影した、無帽・背景無地・正面上半身の写真を2枚（同一のもの）用意し、裏面に受験地と氏名を記入して受験願書の所定欄に張り付けてください。写真は白黒・カラーいずれも可です。
④住民票または戸籍抄本（原本）
　出願前6か月以内に交付され、かつ「本籍地（外国籍の方は国籍等）」が記載されたものを用意してください。マイナンバーの記載は不要です。海外在住の外国籍の方で提出が困難な場合は、必ず事前に文部科学省総合教育政策局生涯学習推進課認定試験第二係まで問い合わせてください。　TEL：03-5253-4111（代表）（内線 2590・2591）
⑤科目合格通知書（原本）
　過去に高等学校卒業程度認定試験または大学入学資格検定において、一部科目に合格している方は提出してください。なお、紛失した場合は受験案内にある「科目合格通知書再交付願」で出願前に再交付を受けてください。結婚等により、科目合格通知書に記載された氏名または本籍に変更がある場合は、「⑦氏名、本籍の変更の経緯がわかる公的書類（戸籍抄本等）」をあわせて提出してください。
⑥試験科目の免除に必要な書類（単位修得証明書、技能審査の合格証明書）（原本）
　試験科目の免除を申請する方は受験案内を確認し、必要書類を提出してください。なお、単位修得証明書が発行元で厳封されていない場合は受理されません。結婚等により、試験科目の免除に必要な書類の氏名に変更がある場合は、「⑦氏名、本籍の変更の経緯がわかる公的書類（戸籍抄本等）」をあわせて提出してください。
⑦氏名、本籍の変更の経緯がわかる公的書類（戸籍抄本等）（原本）
　結婚等により、「⑤科目合格通知書」や「⑥試験科目の免除に必要な書類」に記載された氏名または本籍が変更となっている場合に提出してください。
⑧個人情報の提供にかかる同意書
　外国籍の方で、過去に高等学校卒業程度認定試験または大学入学資格検定で合格した科目があり、「⑤科目合格通知書」の氏名（本名）または国籍に変更がある場合は、提出してください。
⑨特別措置申請書および医師の診断・意見書
　身体上の障がい等により、受験の際に特別措置を希望する方は、受験案内を確認し、必要書類を提出してください。
⑩出願用の封筒
　出願用の封筒は受験案内に添付されています。封筒の裏面に氏名、住所、受験地を明記し、「出願書類確認欄」を用いて必要書類が揃っているかを再度チェックし、不備がなければ郵便局の窓口で「簡易書留扱い」にして文部科学省宛に送付してください。

3．受験票

　受験票等（受験科目決定通知書、試験会場案内図および注意事項を含む）は文部科学省から受験願書に記入された住所に届きます。受験案内に記載されている期日を過ぎても到着しない場合や記載内容に誤りがある場合は、文部科学省総合教育政策局生涯学習推進課認定試験第二係に連絡してください。　TEL：03-5253-4111（代表）①試験実施に関すること（内線 2024・2643）②証明書に関すること（内線 2590・2591）

4．合格発表・結果通知

　試験の結果に応じて、文部科学省から次のいずれかの書類が届きます。全科目合格者には「**合格証書**」、一部科目合格者には「**科目合格通知書**」、その他の者には「**受験結果通知**」が届きます。「**合格証書**」が届いた方は、大学入学資格（高等学校卒業程度認定資格）が与えられます。ただし、試験で合格点を得た方が満 18 歳に達していないときには、18 歳の誕生日の翌日から合格者となります。そのため、大学入学共通テスト、大学の入学試験等については、原則として満 18 歳になる年度から受験が可能となります。大学入学共通テストについては、独立行政法人大学入試センター　事業第一課（TEL：03-3465-8600）にお問い合わせください。「**科目合格通知書**」が届いた方は、高等学校卒業程度認定試験において1科目以上の科目を合格した証明になりますので、次回の受験まで大切に保管するようにしてください。なお、一部科目合格者の方は「**科目履修制度**」を利用して、合格に必要な残りの科目について単位を修得することによって、高等学校卒業程度認定試験合格者となることができます（「**科目履修制度**」については次のページもあわせて参照してください）。

科目履修制度 （未合格科目を免除科目とする）

1. 科目履修制度とは

　科目履修制度とは、通信制などの高等学校の科目履修生として未合格科目（合格に必要な残りの科目）を履修し、レポートの提出とスクーリングの出席、単位認定試験の受験をすることで履修科目の単位を修得する制度となります。この制度を利用して単位を取得した科目は、免除科目として文部科学省に申請することができます。高等学校卒業程度認定試験（高卒認定試験）の合格科目と科目履修による単位修得を合わせることにより、高等学校卒業程度認定試験の合格者となることができるのです。

2. 科目履修の学習内容

　レポートの提出と指定会場にて指定回数のスクーリングに出席し、単位認定試験で一定以上の点数をとる必要があります。

3. 科目履修制度の利用

❶ すでに高卒認定試験で合格した一部科目と科目履修を合わせることにより高卒認定試験合格者となる。

高卒認定試験 既合格科目	＋	科目履修 （残り科目を履修）	＝	合わせて 8科目以上	高卒認定試験 合格

※最低1科目の既合格科目または合格見込科目が必要

　① 苦手科目がどうしても合格できない方　　② 合格見込成績証明書を入手し、受験手続をしたい方
　③ 残り科目を確実な方法で合格したい方　　④ 大学・短大・専門学校への進路が決まっている方

❷ 苦手科目等を先に科目履修で免除科目にして、残りの得意科目は高卒認定試験で合格することで高卒認定試験合格者となる。

科目履修 （苦手科目等を履修）	＋	高卒認定試験 科目受験	＝	合わせて 8科目以上	高卒認定試験 合格

※最低1科目の既合格科目または合格見込科目が必要

　① 得意科目だけで高卒認定試験の受験に臨みたい方　　② できるだけ受験科目数を減らしたい方
　③ どうしても試験で合格する自信のない科目がある方　　④ 確実な方法で高卒認定試験の合格を目指したい方

4. 免除を受けることができる試験科目と免除に必要な修得単位数

免除が受けられる試験科目	高等学校の科目	免除に必要な修得単位数
国語	「国語総合」	4
世界史A	「世界史A」	2
世界史B	「世界史B」	4
日本史A	「日本史A」	2
日本史B	「日本史B」	4
地理A	「地理A」	2
地理B	「地理B」	4
現代社会	「現代社会」	2
倫理	「倫理」	2
政治・経済	「政治・経済」	2
数学	「数学I」	3
科学と人間生活	「科学と人間生活」	2
物理基礎	「物理基礎」	2
化学基礎	「化学基礎」	2
生物基礎	「生物基礎」	2
地学基礎	「地学基礎」	2
英語	「コミュニケーション英語I」	3

（注）上記に記載されている免除に必要な修得単位数はあくまで標準的修得単位数であり、学校によっては科目毎の設定単位数が異なる場合があります。

■科目履修制度についてより詳しく知りたい方は、J-出版編集部にお問い合わせください。
　TEL：03-5800-0552
　Mail：info@j-publish.net
　http://www.j-publish.net/risyu/

傾向と対策

1．出題傾向

過去3年間の8月試験および11月試験の出題傾向は以下のとおりです。生物基礎の場合、同じ年度においては8月試験と11月試験で同じような範囲からの出題が比較的多く見られます。どの項目を確実に押さえなければならないかを確認のうえ学習を進めてください。

出題内容	令和2年度第1回	令和2年度第2回	令和3年度第1回	令和3年度第2回	令和4年度第1回	令和4年度第2回	配点
大問1　生物の特徴							
生物の多様性と共通性	●	●				●	5点×4
細胞の構造	●	●	●	●	●	●	
原核生物と真核生物	●	●		●	●	●	
酵素のはたらきと性質			●	●			
エネルギーと代謝	●		●	●	●	●	
細胞内共生説					●		
大問2　遺伝子とそのはたらき							
DNAとその構造	●		●	●	●	●	5点×4
遺伝子とゲノム		●	●		●		
細胞分化・遺伝子の発現	●		●	●			
染色体の構造		●			●		
細胞周期とDNAの複製		●	●		●	●	
タンパク質合成（転写・翻訳）	●			●	●	●	
大問3　生物の体内環境の維持							
体内環境と体液				●			5点×5
血球の役割	●	●		●		●	
心臓・腎臓・肝臓のはたらき	●	●	●	●	●	●	
自律神経・ホルモン	●	●	●	●	●		
免疫のしくみ	●	●	●	●	●		
免疫の応用						●	
大問4　植物の多様性と分布							
植生と環境	●	●	●	●	●	●	5点×4
植生の遷移	●	●	●	●	●	●	
世界のバイオーム	●	●		●	●		
日本のバイオーム		●		●	●		
バイオームの垂直分布	●					●	
大問5　生態系とその保全							
生態系のしくみ					●	●	5点×3
食物連鎖・食物網	●		●			●	
生態系におけるエネルギー循環		●					
生態系における物質の循環	●		●	●	●		
生態系のバランスとその保全		●		●		●	
外来生物と絶滅危惧種	●		●	●	●		

（注）●は大問において主にその分野から出題されていることを示しており、ほかの分野からの出題がまったくないわけではありません。

2. 出題内容と対策

1 生物の特徴

　生物に関するさまざまな内容のなかで主に細胞に焦点をあてた出題が多く見られます。また、共通性をテーマにした問題がよく出題されています。原核生物と真核生物の違いや共通性、ミトコンドリアと葉緑体が関わる代謝、代謝を進める酵素については頻出事項です。これらの内容について類似した出題が過去にも多く見られるため、できるだけ多くの問題をこなしておく必要があります。

2 遺伝子とそのはたらき

　主に遺伝情報とDNAに関する出題となります。とくにヌクレオチドや塩基の種類などDNAの構造に関する問題は、ほぼ毎回の試験において出題されているといっても過言ではありません。ほかにもタンパク質の合成に関する問題や遺伝子とゲノムに関する問題がよく出題されています。内容的に難しい分野になりますが、的を絞って学習すれば確実に得点できる単元になります。

3 生物の体内環境の維持

　生物基礎の内容のなかでも範囲が広く、それだけに出題数（配点）も多くなる単元です。重要事項としては、血液のはたらき、腎臓・肝臓の機能、ホルモンによる調節などが挙げられます。覚える用語も多く幅広く学習するのは大変ですが、過去問をこなしていけば自ずと重要となるテーマが見えてきます。問題を解きながら覚える内容を整理していくと効率よく学習できます。

4 植物の多様性と分布

　主に植物に関する内容が問われます。重要な内容は遷移、バイオーム、日本の植生の3つになります。とくに遷移とバイオームについては種類が分かれますので、それぞれの違いをきちんと理解するようにしましょう。日本のバイオームごとの樹木名や植物の種類ごとの名称なども覚える必要がありますが、無理に細かい内容を覚えるよりも大きな枠組みで分類される内容を優先的に覚えるようにしてください。

5 生態系とその保全

　この単元は出題数こそ多くないですが、範囲も限定されるので短期間で仕上げることができます。生態系におけるエネルギー循環と炭素の循環は頻出事項です。これについては図版などを参考に学習する必要があります。また、外来生物が生態系に及ぼす影響についてもさまざまな事例で出題されています。絶滅危惧種の個体名も確認しておきましょう。過去問でどのような事例が扱われているかを確認して学習を進めてください。

令和4年度 第2回
高卒認定試験

生物基礎

解答時間　50分

生　物　基　礎

$\left(\text{解答番号}\ \boxed{1}\ \sim\ \boxed{20}\right)$

1 生物の特徴について，問1〜問4に答えよ。

問1　生物には，いくつかの共通した特徴が見られる。これらの共通性から，全ての生物は，共通の祖先から進化したと考えられている。次のa〜eは生物の特徴について述べたものである。全ての生物が共通して持っている特徴として正しい組合せを，下の①〜⑤のうちから一つ選べ。解答番号は　　　　　　　。

a　細胞膜を持つ。

b　体内で代謝を行う。

c　液胞を持つ。

d　光合成を行う。

e　DNA を持つ。

① a，b，c

② a，b，e

③ a，c，e

④ b，c，d

⑤ b，d，e

問2 表1は，細胞に存在する構造の有無をまとめたものである。存在する場合を○，存在しない場合を×で示した。表1中の細胞ア～ウを説明した正しい文章を，下の①～⑥のうちから一つ選べ。解答番号は 2 。

表1

細　胞	細　胞　の　構　造			
	細胞壁	核　膜	ミトコンドリア	葉緑体
ア	○	×	×	×
イ	×	○	○	×
ウ	○	○	○	○

① 細胞アは動物細胞である。

② 細胞アは植物細胞である。

③ 細胞イは原核細胞である。

④ 細胞イは動物細胞である。

⑤ 細胞ウは原核細胞である。

⑥ 細胞ウは動物細胞である。

問3 次の文章は，ATP の分解と合成について述べたものである。文章中の空欄 エ と オ に入る語句の正しい組合せを，下の①～⑥のうちから一つ選べ。

解答番号は 3 。

ATP には， エ が3つ結合した部分がある。ATP から末端の エ が切り離されると生物が活動するためのエネルギーが発生し，ADP が生じる（図1）。

ヒトの場合，体内に存在する ATP の量は必要とされる量の約 1000 分の1と考えられている。それにもかかわらず，細胞内の生命活動が維持されるのは，ATP の オ ためである。

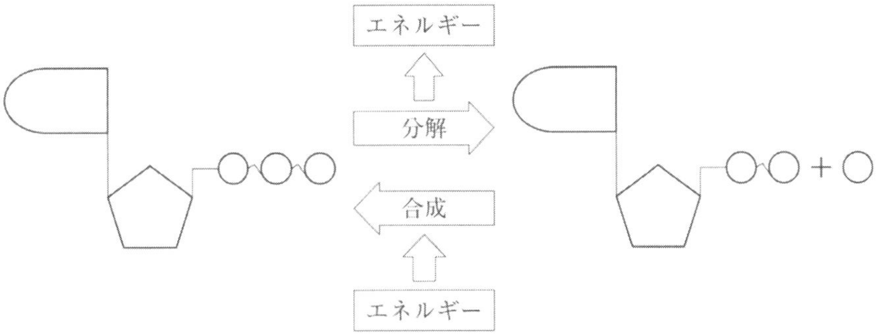

エネルギー

分解

合成

エネルギー

図1

	エ	オ
①	アデニン	分解と合成が繰り返される
②	アデニン	再利用がされず，使い捨てられる
③	リン酸	分解と合成が繰り返される
④	リン酸	再利用がされず，使い捨てられる
⑤	糖	分解と合成が繰り返される
⑥	糖	再利用がされず，使い捨てられる

令和4年度第2回試験

問 4　次の文章は，酵素の実験についての太郎と花子と先生の会話である。文章中の空欄 カ ～ ク に入る語句の正しい組合せを，下の①～⑥のうちから一つ選べ。解答番号は 4 。

先　生：液体の入った試験管に肝臓片を入れるよ（図2）。見ててごらん。

太　郎：すごい。肝臓片を入れただけなのに試験管内に沢山の泡が出てきた（図3）。試験管の中はどうなっているのかな。

先　生：試験管の中は，過酸化水素水と肝臓片だけが入っているのよ。

太　郎：それだけで，こんなに泡が出るのか。この泡って何なのかな。 カ じゃないかな。

花　子：それでは，この試験管に火のついた線香を入れてみよう。

太　郎：おおっ。線香の火が炎を出して燃えた。何で カ が発生したんだろう。肝臓ってことは酵素が関係しているのかな。

先　生：そうそう。肝臓の細胞に含まれるカタラーゼという酵素によって，過酸化水素が水と カ に分解されたからだよ。

太　郎：なるほど。でももう泡が出なくなってきたよ（図4）。

花　子：本当だ。何でだろう。

太　郎： キ が全て分解されたからかな。

花　子：きっとそうだね。

太　郎：そうするとこの反応しなくなった試験管に ク を加えた後，もう一度火のついた線香を入れたら，また火が炎を出して燃えるのかな。確かめたいな。

先　生：実際に実験をして確かめてみましょう。

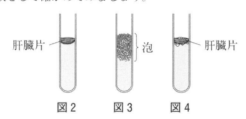

肝臓片　　　　　　　　　　　　｝泡　　　　肝臓片

図2　　　図3　　　図4

	カ	キ	ク
①	酸　素	過酸化水素	肝臓片
②	酸　素	過酸化水素	過酸化水素水
③	酸　素	カタラーゼ	水
④	水　素	カタラーゼ	肝臓片
⑤	水　素	カタラーゼ	過酸化水素水
⑥	水　素	過酸化水素	水

2 遺伝子とその働きについて，問1～問4に答えよ。

問1 次の文章は，mRNAについての太郎と花子の会話である。文章中の空欄 ア と イ に入る語句の正しい組合せを，下の①～④のうちから一つ選べ。
解答番号は 5 。

太　郎：昨日のニュースで，新型コロナウイルスのmRNAワクチンについて特集をしていたけど，見たかい。

花　子：見たわよ。遺伝子について勉強した時，RNAの一種であるmRNAは ア の中に出てきたわよね。 ア は，DNA → RNA → タンパク質の順に遺伝情報が一方向に流れるという考え方だったよね。

太　郎：このDNAの塩基配列を基にRNAが合成されることを イ と言うんだったよね。

花　子：勉強したことが，ニュースを見た時の理解に役立っていると思うと嬉しいな。

	ア	イ
①	セントラルドグマ	転　写
②	セントラルドグマ	翻　訳
③	ゲノムプロジェクト	転　写
④	ゲノムプロジェクト	翻　訳

問 2　次の文章は，DNA の塩基組成について述べたものである。文章中の空欄　ウ　と　エ　に入る語句の正しい組合せを，下の①〜⑥のうちから一つ選べ。

解答番号は　6　。

表1は，生物の細胞に含まれる DNA を構成する塩基の割合(%)をまとめたものである。この表1から，　ウ　の割合は生物によってほぼ等しいということが予想される。この規則性はシャルガフらが発見し，その後の　エ　の発見を導くきっかけとなった。

表1

生　物	塩基の割合(%)			
	A	T	G	C
大腸菌	24.7	23.6	26.0	25.7
バッタ	29.3	29.3	20.5	20.7
ヒ　ト	30.9	29.4	19.9	19.8

	ウ	エ
①	AとT	DNA の二重らせん構造
②	AとT	メンデルの遺伝の法則
③	AとG	DNA の二重らせん構造
④	AとG	メンデルの遺伝の法則
⑤	AとC	DNA の二重らせん構造
⑥	AとC	メンデルの遺伝の法則

問 3　図1は，体細胞分裂を繰り返している細胞群について，細胞当たりの DNA 量（相対値）と
細胞数を調べた結果である。図1中の X 〜 Z は，細胞当たりの DNA 量に対応する細胞群を
示す。細胞周期の各時期について述べた文章 a 〜 e の正しい組合せを，下の①〜⑥のうちか
ら一つ選べ。解答番号は　7　。

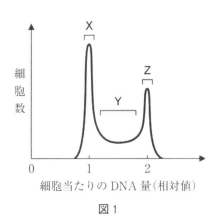

図1

a　X は細胞数が一番多いので，S 期の細胞である。

b　X は細胞当たりの DNA 量が 1 の細胞が多いので，M 期（分裂期）の細胞である。

c　Y は細胞当たりの DNA 量が 1 から 2 の間の細胞が含まれるので，S 期の細胞である。

d　Y は細胞数が少ないので，G_1 期の細胞である。

e　Z は細胞当たりの DNA 量が 2 であるので，G_2 期と M 期（分裂期）の細胞の両方が含ま
れる。

① a．c

② a．d

③ b．c

④ b．d

⑤ b．e

⑥ c．e

問4 次の文章は，ショウジョウバエの染色体について述べたものである。文章中の空欄 オ と カ に入る語句の正しい組合せを，下の①～⑥のうちから一つ選べ。解答番号は 8 。

ショウジョウバエのメスの体細胞中には，図2に示すような8本の染色体が存在する。このうち，同じ大きさで同じ形の染色体を オ と呼ぶ。図3のA～Cのうち，染色体に含まれる遺伝情報が1組のゲノムであるものは， カ である。

図2

	A	B	C

図3

	オ	カ
①	相同染色体	A
②	相同染色体	B
③	相同染色体	C
④	唾腺染色体	A
⑤	唾腺染色体	B
⑥	唾腺染色体	C

3 生物の体内環境について，問１〜問５に答えよ。

問 1 次の文章は，血液凝固に関する太郎と花子の会話である。文章中の空欄 ア 〜 ウ に入る語句の正しい組合せを，次のページの①〜④のうちから一つ選べ。解答番号は 9 。

> 太　郎：出血すると，血しょう中にフィブリンというタンパク質が形成され，傷口をふさいで止血すると学習したね。
>
> 花　子：フィブリンについて調べると，フィブリンの元となるタンパク質が酵素によって処理されると，繊維状になることが分かったよ（図１）。
>
> 太　郎：図１によると，血液凝固にはカルシウムイオンが必要だね。
>
> 花　子：本当かな。それなら「血液凝固にはカルシウムイオンが必要である。」という仮説を立てて，検証してみよう。
>
> 太　郎：血液にクエン酸ナトリウムを加えると，クエン酸ナトリウムがカルシウムイオンと結合して，カルシウムイオンを取り除けることが調べて分かったよ。
>
> 花　子：ブタの血液にクエン酸ナトリウムを加えて，血液が凝固するかしないかを確かめる検証実験を計画したよ（図２）。検証実験の結果，血液が凝固 ア ならば，仮説が証明されたことになるね。血液が凝固 イ ならば，仮説は否定されるね。
>
> 太　郎：その時には，比較対象として「クエン酸ナトリウムを加えない場合，血液が凝固 ウ 。」ということも確認しなくてはいけないね。
>
> 花　子：先生に相談して材料と試薬を用意して，実験してみよう。

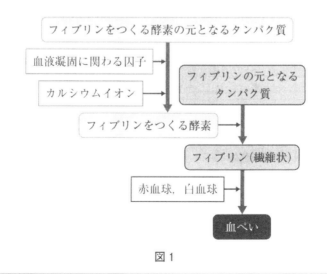

図１

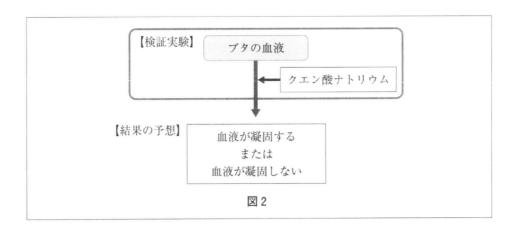

図2

	ア	イ	ウ
①	する	しない	する
②	する	しない	しない
③	しない	する	する
④	しない	する	しない

問 2　次の文章は，肝臓の働きについて述べたものである。文章中の空欄 エ ～ カ に
入る語句の正しい組合せを，下の①～⑥のうちから一つ選べ。解答番号は 10 。

　　　肝臓は，体液の成分の調節や老廃物の排出のため，様々な物質の合成や分解を行って
いる。胆汁は エ でつくられた後， オ で一次的に貯蔵される。貯蔵された胆
汁は，食事が刺激となって カ に排出される。そして，脂肪を乳化して，消化を助
ける。

	エ	オ	カ
①	胆のう	肝臓	胃
②	胆のう	肝臓	大腸
③	胆のう	肝臓	十二指腸
④	肝臓	胆のう	胃
⑤	肝臓	胆のう	大腸
⑥	肝臓	胆のう	十二指腸

問3 次の文章は，心臓の拍動についての太郎と花子の会話である。文章中の空欄 [キ] 〜 [ケ] に入る語句の正しい組合せを，下の①〜⑥のうちから一つ選べ。解答番号は [11] 。

> 太　郎：先発メンバーに初めて選ばれたから，緊張して心臓がドキドキしてきたよ。
>
> 花　子：心臓がドキドキするのは，無意識に [キ] 神経が働いているからだよ。心臓の拍動が [ク] されて，心臓から全身に大量の血液が送り出されるよ。
>
> 太　郎：心臓がドキドキするのは，無意識に起こることなんだね。
>
> 花　子： [キ] 神経が働くと，気管支は [ケ] されて，肺に空気が多く取り込まれるよ。心臓の拍動が [ク] されることと併せて，全身の細胞に多くの酸素が届けられるよ。
>
> 太　郎：心臓がドキドキするのは，そんな理由があるんだね。

	キ	ク	ケ
①	交　感	抑　制	拡　張
②	交　感	促　進	収　縮
③	交　感	促　進	拡　張
④	副交感	抑　制	拡　張
⑤	副交感	抑　制	収　縮
⑥	副交感	促　進	収　縮

問4 図3は，食事前後の血糖濃度，グルカゴンの濃度及びインスリンの濃度のいずれかを示している。図3のX，Yのうち**グルカゴンのグラフ**と，**インスリンを分泌する細胞**の正しい組合せを，下の①〜④のうちから一つ選べ。解答番号は 12 。

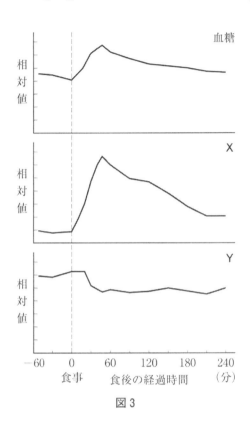

図3

	グルカゴンのグラフ	インスリンを分泌する細胞
①	X	ランゲルハンス島のA細胞
②	X	ランゲルハンス島のB細胞
③	Y	ランゲルハンス島のA細胞
④	Y	ランゲルハンス島のB細胞

問 5　二次応答について述べた文章の正しい組合せを，下の①～⑤のうちから一つ選べ。

解答番号は　13　。

a　毒ヘビにかまれた人に，そのヘビ毒のワクチンをウマに注射してあらかじめつくってお
　　いた血清を注射すると，症状が軽減した。

b　一度スズメバチに刺された経験のある人が，二度目に刺された時にアナフィラキシー
　　ショックを引き起こした。

c　あるマウスに別の個体の皮膚を移植すると，定着しないで数週間後に脱落した。

d　インフルエンザの予防接種を受けていた人が，インフルエンザウイルスに感染した時に
　　症状が重くならずに済んだ。

①　a，b　　　②　a，c　　　③　a，d　　　④　b，c　　　⑤　b，d

4 植生の多様性と分布について，問1～問4に答えよ。

問 1 図1は，関東地方のある場所の遷移途中である森林の植生の様子を模式的に表したもので
ある。図1の植物について，正しい文章を，下の①～④のうちから一つ選べ。
解答番号は 14 。

図1

① 日当たりの良いところで生育する草本の陰生植物はベニシダである。
② 日当たりの良いところで生育する草本の陽生植物はススキである。
③ 日当たりの悪いところでも生育できる木本の陰生植物はコナラである。
④ 日当たりの悪いところでも生育できる木本の陽生植物はアオキである。

問2　表1は，太郎が教科書に出てきた植物の特徴などについて調べて，まとめたものである。

表1を見て太郎が導き出した推論のうち，正しい文章を，下の①～④のうちから一つ選べ。

解答番号は　15　。

表1

植物名 （植物の特徴）	種子の主な散布の仕方 （果実や種子の特徴）		遷移の過程で 出現する段階
ミズナラ （落葉広葉樹）	落下して転がる （どんぐり）		極　相
エゾマツ （常緑針葉樹）	風によって運ばれる （翼がある）		極　相
オオバヤシャブシ （落葉広葉樹）	風によって運ばれる （翼がある）		初　期
イタドリ （落葉性多年生草本）	風によって運ばれる （翼がある）		初　期
ガマ （落葉性多年生草本）	風によって運ばれる （綿毛がある）		初　期

①　極相林は，常緑性の植物により構成されている。

②　風によって種子を散布する植物は，遷移の初期にのみ出現する。

③　どんぐりは，リスなどによって遠くまで運ばれることもあるので，遷移の初期に出現する植物に多い種子の形である。

④　遷移の初期に出現する植物は，風によって種子を遠くに散布する種が多い。

問 3　図2は，世界のバイオームと気候の関係を表したものである。バイオームと気候につい
て，**誤っている文章**を，下の①～④のうちから一つ選べ。解答番号は　16　。

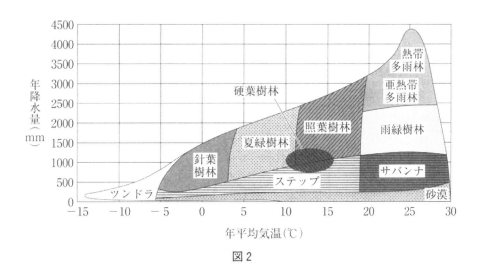

図 2

①　年平均気温が −10 ℃ では荒原となる。

②　年平均気温が 25 ℃ では常緑の植物が優占種となる。

③　年降水量が 0 mm では砂漠となる。

④　年降水量が 2000 mm では森林となる。

問 4　次の文章は，日本のバイオームに関する花子と太郎の会話である。文章中の空欄 ｜ ア ｜
〜 ｜ ウ ｜ に入る語句の正しい組合せを，下の①〜⑥のうちから一つ選べ。
解答番号は ｜ 17 ｜ 。

花　子：尾瀬国立公園にある至仏山（しぶつさん）に登ったよ。麓（ふもと）の尾瀬ヶ原の宿に泊まったんだけ
　　　　ど，夜はたくさんのホタルを，朝は霧がかかった幻想的な景色を見られて，と
　　　　ても気持ち良かった。

太　郎：至仏山の標高は 2228 m だから「フーフーフー，やっと登った至仏山」って覚え
　　　　るんだよね。ところで標高の違いによって複数のバイオームが存在するって
　　　　習ったけど，本当にそうなっていたの。

花　子：なっていたよ。｜ ア ｜ と言うんだったね。写真を撮ったよ（図3）。

図 3

　　　　一番びっくりしたのがこの場所なんだけど，登っていたら写真のこの辺り（図3
　　　　の矢印）で突然林が低くなって，その先にはお花畑があったんだ。

太　郎：なるほど。と言うことは矢印の辺りが ｜ イ ｜ で，お花畑は ｜ ウ ｜ 帯に当た
　　　　るね。

花　子：日本には他にも高い山にお花畑があるって聞いたから，今度は東北の鳥海山（ちょうかいさん）
　　　　に登ることにしようっと。

	ア	イ	ウ
①	垂直分布	森林限界	高　山
②	垂直分布	森林限界	亜高山
③	垂直分布	山地帯	高　山
④	水平分布	森林限界	亜高山
⑤	水平分布	山地帯	高　山
⑥	水平分布	山地帯	亜高山

5 生態系とその保全について，問1〜問3に答えよ。

問 1 生態系における物質とエネルギーについて，**誤っている文章**を，次の①〜④のうちから一つ選べ。解答番号は 18 。

① 生産者は，光合成などにより，無機物を材料にして自ら有機物を生産し，エネルギーを蓄え，それを利用して生活している。

② 消費者は，生産者が生産した有機物を利用して生活している。生産者が生産した有機物は最終的には無機物に分解され，この過程に関わる生物は特に分解者と呼ばれる。

③ 分解されてできた無機物は非生物的環境に戻り，再び生産者に利用される。

④ 生態系内を物質及びエネルギーが循環することで，生物の生活が保たれている。

問2 次の文章は，夏休み中にブナ林で自然観察したときの太郎と花子の会話である。文章中の
空欄 ア ～ ウ に入る語句の正しい組合せを，下の①～⑤のうちから一つ選べ。
解答番号は 19 。

太　郎：あれ。見たことがない黒い虫が，地面に何匹もいるよ。

花　子：甲虫のようだね。注意深く観察しようよ。

太　郎：図鑑で調べてみたら，この甲虫はクロ
カタビロオサムシに似ているよ。

花　子：本当だ。これに違いないね。あれ。上
から何か小さなものが，パラパラとた
くさん落ちてきているよ。

図1

太　郎：あっ。このブナの木，葉がないね（図1）。

花　子：それにこの木の幹や根元に青虫がたく
さんいるよ。落ちてきたのはこの青虫
のフンかもしれないね。

太　郎：この青虫は，ブナアオシャチホコとい
うガの幼虫だね。

花　子：見て，ベンチの上に，青虫を食べてい
るさっきの甲虫がいるよ（図2）。

図2

太　郎：そうなると，食う食われるの関係で並べてみると， ア だね。

花　子：この関係を イ と言うんだよ。

太　郎：カラスが何羽もいたけど，カラスは， ア の後に来るのかな。

花　子：そうかもしれないし， ア の後はネズミのような小動物が食べるかも
しれないよ。ネズミやカラスはいろいろなものを食べるから，食う食われるの
関係はもっと複雑になるよ。それを ウ と言うんだよ。

太　郎：もっと観察しないと ウ は分からないんだね。

	ア	イ	ウ
①	ブナの実 → 甲虫 → 青虫	食物連鎖	食物網
②	ブナの実 → 青虫 → 甲虫	食物網	食物連鎖
③	ブナの葉 → 甲虫 → 青虫	食物連鎖	食物網
④	ブナの葉 → 青虫 → 甲虫	食物網	食物連鎖
⑤	ブナの葉 → 青虫 → 甲虫	食物連鎖	食物網

問 3　次の文章は，里山の保全について述べたものである。文章中の空欄　エ　～　カ　に
入る語句の正しい組合せを，下の①～④のうちから一つ選べ。解答番号は　20　。

　　人里とその周辺にある農地や草地，ため池，雑木林などがまとまった一帯を里山とい
　う。かつては，里山の雑木林では，　エ　ことで，多様な生物が生息できる里山特有
　の環境が維持されてきた。近年，農村の人口の減少などにより雑木林は，　オ　よう
　になった。これにより遷移が進んで樹木が密生して林内が暗くなり，　カ　植物が生
　育できなくなった。このようにして，生物の多様性が失われていく。

	エ	オ	カ
①	放置される	適度に人の手が加わる	陽　生
②	放置される	適度に人の手が加わる	陰　生
③	適度に人の手が加わる	放置される	陽　生
④	適度に人の手が加わる	放置される	陰　生

令和4年度 第2回

解答・解説

【重要度の表記】

Ａ：重要度が高く確実に正答したい設問。しっかり
　　復習する必要のある問題です。

Ｂ：重要度はＡレベルよりすこし下で、やや難易度
　　が高い設問または内容を読み取る設問。高得点
　　を狙う人は復習しましょう！

Ｃ：重要度が低い、または難解な設問。軽く復習す
　　る程度でよいでしょう！

令和4年度 第2回 高卒認定試験

【 解 答 】

1	解答番号	正答	配点	2	解答番号	正答	配点	3	解答番号	正答	配点	4	解答番号	正答	配点	5	解答番号	正答	配点
問1	1	②	5	問1	5	①	5	問1	9	③	5	問1	14	②	5	問1	18	④	5
問2	2	④	5	問2	6	①	5	問2	10	⑥	5	問2	15	④	5	問2	19	⑤	5
問3	3	③	5	問3	7	⑥	5	問3	11	③	5	問3	16	②	5	問3	20	③	5
問4	4	②	5	問4	8	①	5	問4	12	④	5	問4	17	①	5	-	-		
-	-			-	-			問5	13	⑤	5	-	-			-	-		

【 解 説 】

1

問1 すべての生物に共通する特徴は次の5つです。1.〔細胞からできている〕：細胞とは、外界と細胞膜によって隔てている構造体をいいます。よって、aは正しいです。2.〔体内で代謝を行う〕：生物はエネルギーを利用して生命活動を行います。植物なら光エネルギーから、動物なら摂食した有機物から物質の合成・分解を行うことにより、エネルギーを得ています。そして、得られたエネルギーを利用してさまざまな物質の合成を行っています。このような生体内で起こる化学反応を代謝といいます。よって、bは正しいです。3.〔DNAをもっている〕：生物の形・色・行動などの性質の特徴は、遺伝情報（DNA）をもとにつくられるタンパク質によって決まります。よって、eは正しいです。残り2つの特徴は、4.〔遺伝によって形質を子や孫に伝える〕、5.〔体外の環境変化にかかわらず、体内の状態を一定に保つ〕です。したがって、正解は②となります。なお、cの液胞は真核生物のみがもつ特徴で、dの光合成は植物のみがもつ特徴です。

解答番号【1】：② ⇒ 重要度A

問2 細胞壁とは、細胞膜の外側を取り囲んでいるセルロースなどの繊維状の物質でできた膜で、細胞の形の維持や細胞を保護するはたらきがあります。細胞壁があるのは原核細胞と植物細胞です。よって、表1の細胞「イ」は細胞壁がない動物細胞だとわかります。核膜とは、核の最外層にある膜でDNA（染色体）を取り囲んでいるものです。これは真核細胞にのみ存在します。よって、表1の細胞「ア」は、核膜がない原核細胞だとわかります。ミトコンドリアは呼吸を行う場です。酸素を消費して有機物を分解し、ATPの形でエネルギーを取り出します。これは真核細胞にのみ存在します。また、葉緑体は光合成を行う場です。植物細胞にのみ見られます。よって、細胞「ウ」は植物細胞だとわかります。したがって、正解は④となります。

解答番号【2】：④ ⇒ 重要度A

問3　生物は、呼吸など有機物の分解により取り出したエネルギーを、いったんATP（アデ
　　　ノシン三リン酸）を合成することによって蓄えることができます。ATPはリン酸が3つ
　　　結合しています。末端のリン酸を切り離すと多量のエネルギーが放出されます。ヒトの体
　　　内には数百グラムのATPが存在しています。一日に数百回分解と合成を繰り返して、50
　　　～100キロのATPが体内でつくられています。つまり、体内に存在するATPのおよそ
　　　1000倍のATPを一日に生産していることになります。したがって、正解は③となります。
　　　解答番号【3】：③　　⇒ 重要度A

問4　過酸化水素水に肝臓片を入れると酸素が発生します。化学式で表すと、$2H_2O_2$（過酸化
　　　水素）→ $2H_2O$（水）＋O_2（酸素）となります。会話文の8行目にある太郎さんの「線
　　　香の火が炎を出して燃えた」ということばからも、発生した気体が酸素だということがわ
　　　かります。もし発生した気体が水素であれば、火を近づけると爆発します。また、会話文
　　　の12行目の「もう泡が出なくなってきた」というのは、酸素が発生しなくなったという
　　　ことであり、これは過酸化水素が水と酸素に完全に分解されたことを意味します。反応し
　　　なくなった試験管に過酸化水素を加えると、また分解が始まり気泡が発生します。酵素を
　　　含む肝臓片は化学反応を促進する物質です。反応の前後で量や状態は変化しません。その
　　　ため、さらに肝臓片を追加しても反応を再開させることはできません。したがって、正解
　　　は②となります。
　　　解答番号【4】：②　　⇒ 重要度A

2

問1　セントラルドグマとは、DNA→RNA→タンパク質の順に遺伝情報が流れることをい
　　　います。ゲノムプロジェクトとは、一つの生物種のゲノムを解読する研究のことです。また、
　　　転写とは、DNAの塩基配列がmRNAに写し取られる過程を指します。翻訳とは、この
　　　mRNAの3つの塩基が1組となって1つのアミノ酸を指定する過程を指します。したがっ
　　　て、正解は①となります。なお、コロナウイルスのmRNAワクチンは、コロナウイルス
　　　のタンパク質の一部の情報をもつmRNAをワクチンとして体内に入れることにより、体
　　　内でコロナウイルスのタンパク質の一部を合成させ、抗原抗体反応を利用して抗体を生産
　　　するものです。
　　　解答番号【5】：①　　⇒ 重要度C

問2　DNAの塩基は、「AとT」「GとC」がそれぞれ互いに結合しやすい性質をもっていま
　　　す。表1の大腸菌の塩基の割合を見ると、AとTは24.7％と23.6％でほぼ等しい値となっ
　　　ており、またGとCも26.0％と25.7％でほぼ等しい値となっています。このような塩基
　　　の相補性はシャルガフ（1905～2002）らが発見しました。この塩基の相補性の発見が、
　　　その後のワトソン（1928～）とクリック（1916～2004）によるDNAの二重らせん構
　　　造の発見につながりました。したがって、正解は①となります。なお、メンデルの遺伝の
　　　法則とは、メンデル（1822～1884）がエンドウの交配実験で見つけ出した遺伝におけ
　　　る優性や劣性等の法則のことをいいます。
　　　解答番号【6】：①　　⇒ 重要度B

問3　図1は、縦軸が細胞数を、横軸が細胞あたりのDNA量（相対値）を表しています。こ

の細胞数とは、ある生物の組織の細胞を観察し、観察した範囲の中でカウントされる細胞の数です。DNA量が１である期間（図１のX）は、M期（分裂期）が終了し、DNAが複製されるS期までのG_1期です。また、DNA量が２である期間（図１のZ）は、DNAの複製が行われるS期の後のG_2期とM期（分裂期）の間です。そして、DNA量が１〜２の期間（図１のY）は、DNAが複製されるS期です。よって、cとeが正しいことがわかります。したがって、正解は⑥となります。

解答番号【7】：⑥　　⇒ 重要度B

問4　ショウジョウバエの染色体は４対（８本）です。図２はショウジョウバエの４対の染色体を表しています。同じ大きさで同じ形の染色体を相同染色体といいます。相同染色体の片方は父方由来、もう片方は母方由来の染色体です。真核生物の体細胞には、相同染色体が１対ずつあります。相同染色体の父方由来または母親由来の染色体１セットをそれぞれ１ゲノムと数えます。図３のA〜Cのうち、図２の相同染色体のそれぞれ片方のみ示されているものが１組のゲノムを表しています。Bは全染色体を示しており、Cはそれぞれの相同染色体の片方のみが示されているのではありません。よって、それぞれの相同染色体の片方が示されているAが正しいことがわかります。したがって、正解は①となります。

解答番号【8】：①　　⇒ 重要度B

3

問1　血液凝固についての仮説実験に関する問題です。会話文の６行目にある花子さんの「血液凝固にはカルシウムイオンが必要である」という仮説をもとに、実験と検証を行っています。カルシウムイオンとは、カルシウムが電離した（正または負の電荷をもつ）ものです。血液にクエン酸ナトリウムを加えると、クエン酸ナトリウムがカルシウムイオンと結合してクエン酸カルシウムになります。これにより、カルシウムイオンを血中から取り除くことができます。血液中からカルシウムイオンを取り除いた場合に血液が凝固しなければ、仮説は正しいことになります。一方で、カルシウムイオンを取り除いた場合に血液が凝固するならば、仮説は否定されます。比較対象実験とは、特定の条件を除いて行う実験のことです。本問では「クエン酸ナトリウムを加える」という条件を除外して、クエン酸ナトリウムなしで血液が凝固することが確認できれば、カルシウムイオンが血液凝固に関わっていることを実証できます。したがって、正解は③となります。

解答番号【9】：③　　⇒ 重要度C

問2　肝臓は体の化学工場と呼ばれています。肝臓では、さまざまな物質の生成・貯蔵・分解が行われています。古くなった赤血球はひ臓で破壊され、ヘモグロビンからビリルビンという物質を生成します。ビリルビンは肝臓に運ばれ、肝臓でつくられる胆汁の中に排出されます。この胆汁は胆管を通って胆のうに一次的に貯蔵されて、食事が刺激となって胃と小腸の間に位置する器官である十二指腸に排出されます。胆汁中の胆汁酸は脂肪を乳化して消化を助けます。したがって、正解は⑥となります。

解答番号【10】：⑥　　⇒ 重要度B

問3　一般的に、交感神経は興奮状態や活動を活発にしなければならないときにはたらき、副

交感神経は休息や食事のときなどリラックスしたときにはたらきます。緊張して心臓がドキドキするのは興奮状態にあるので、交感神経がはたらいています。交感神経がはたらくと、心臓の拍動が促進されて体内へ血液を送り出す速度が速まり、心臓から大量の血液が送り出されます。また、気管支が拡張され、肺に空気が多く取り込まれて、血中の酸素濃度が上がります。このような過程で、全身の細胞に多くの酸素が届けられ、細胞呼吸によってより多くのエネルギーを取り出すことができます。したがって、正解は③となります。

解答番号【11】：③　　⇒ **重要度A**

問４　図３のグラフは、縦軸が各ホルモンの血中濃度の相対値を、横軸が食後の経過時間を表しています。血糖のグラフは縦軸を血中の血糖値としたものです。食後から血中の血糖値が上がっていき、その後は緩やかに下がり食前の血糖値に近づいていきます。Ｘのグラフは、食後急激にその血中濃度が上がり、その後に急激に下がる傾向が読み取れます。血液中のグルコースの濃度を表す血糖値は、空腹時で血液100mL中に100mg前後に保たれています。食事をして、血中の血糖値が上昇すると、視床下部やすい臓のランゲルハンス島のＢ細胞が血糖値の上昇を感知し、インスリンを血中に分泌します。インスリンは、肝臓や筋肉や脂肪組織にはたらきかけて血中のグルコース濃度を下げます。そして、血中のグルコース濃度が下がると、フィードバックによりインスリンの分泌量が下がります。よって、血糖値が上昇するとともにその濃度が上昇し、血糖値が下がるとともにその濃度が下がっているＸのグラフは、インスリンの濃度を示すグラフだとわかります。Ｙのグラフは、食後にその濃度が下がっています。このことから、血糖値が低下したときに分泌されるグルカゴンの血中濃度を示しているグラフだとわかります。したがって、正解は④となります。なお、ランゲルハンス島のＡ細胞は、グルカゴンを分泌します。

解答番号【12】：④　　⇒ **重要度B**

問５　初めて抗原が体内に侵入し、一次応答の免疫反応により記憶細胞が残り、２度目に抗原が体内に侵入したとき、一次応答より強い免疫反応が現れることを二次応答といいます。ａの血清とは、抗原を動物の血液中に注射し抗体をつくらせ、その後にその動物の血液を採取し、その中からその抗原に対する抗体を多く含む抗血清を取り出して、ヒトの治療に利用するものです。ヘビ毒による一次応答に対し、抗血清中の抗体が抗原を排除しています。ｂについて、最初にスズメバチに刺された経験が一次応答となります。そして、２度目に刺されたときが二次応答となります。二次応答で抗原抗体反応が過敏に起こり、さらに全身性の強い反応を引き起こすことをアナフィラキシーショックといいます。ｃについて、皮ふ移植によって、移植された皮ふを抗原とみなし抗原抗体反応により脱落が起こる反応は一次応答です。ｄについて、予防接種とは弱毒化したウイルスを体に注射して、一次応答により免疫記憶を生じさせることです。インフルエンザウイルスに実際に感染したとき、二次応答により効率よく発病を防ぐことができます。したがって、正解は⑤となります。

解答番号【13】：⑤　　⇒ **重要度A**

4

問１　①のベニシダは、図１から光の当たりにくい（日当たりの悪い）ところに生息する陰生植物であることがわかります。②のススキは、図１から日当たりの良いところに生息する

陽生植物だとわかります。③のコナラは、図1から日当たりの良いところに生育する陽生植物だとわかります。④のアオキは、日当たりの悪いところでも生育できる陰生植物だとわかります。したがって、正解は②となります。

解答番号【14】：②　⇒ **重要度A**

問2　①について、表1から極相に出現するミズナラは落葉広葉樹、エゾマツは常緑針葉樹であることがわかります。よって、①は誤りです。②について、風によって運ばれる種子のうち、エゾマツは遷移の極相で出現する植物です。よって、②は誤りです。③について、表1からどんぐりは極相で出現するミズナラの種子であることがわかります。よって、③は誤りです。④について、遷移の初期に出現する植物であるオオバヤシャブシ・イタドリ・ガマは風によって運ばれる種子です。エゾマツは風で運ばれる種子をもつ極相の植物ですが、「風によって種子を遠くに散布する種が多い」ということばから、例外があることが読み取れます。したがって、正解は④となります。

解答番号【15】：④　⇒ **重要度B**

問3　誤っている文章を選びます。①について、年平均気温が－10℃の地域は、気温が極めて低い寒冷地域です。生育できる植物の種類が限られる荒原となります。②について、年平均気温が25℃のバイオームは、図2から熱帯多雨林・亜熱帯多雨林・雨緑樹林・サバンナ・砂漠とわかります。常緑の植物が優占種となるのは熱帯多雨林と亜熱帯多雨林のみです。雨緑樹林は、雨季に葉を茂らせ乾季に葉を落とす落葉広葉樹が優占種となります。サバンナは、イネ科の草本類が優占種となり、砂漠では植物はほとんど見られません。③について、年降水量0mmのバイオームは砂漠となります。ツンドラも降水量が少ないですが、図2から0mmとはならないことが読み取れます。④について、年降水量2000mmのバイオームは、図2から夏緑樹林・照葉樹林・雨緑樹林とわかります。これらは森林です。したがって、正解は②となります。

解答番号【16】：②　⇒ **重要度A**

問4　標高が100m増すごとに気温は0.5℃～0.6℃低下します。そのため、山岳地域では標高の低いほうから高いほうに向かって水平分布と同様のバイオームの分布が見られます。これを垂直分布といいます。会話文の5行目の太郎さんの発言にも、「標高の違いによって複数のバイオームが存在する」とあります。また、図3の矢印が指している辺りのように、山岳地帯では標高が高くなると高木の森林が急に見られなくなる地帯があります。これを森林限界といいます。それよりも高所を高山帯といいます。高山帯では、夏になるとコマクサやイワギキョウなどの高山植物の草原（お花畑）が見られます。亜高山帯は、高山帯より低い標高の地帯のため、森林となります。したがって、正解は①となります。

解答番号【17】：①　⇒ **重要度A**

5

問1　誤っている文章を選びます。①について、生産者とは、光エネルギーから有機物をつくり出す植物のことです。植物は、光合成によって無機物（二酸化炭素・水）から有機物（糖）を生産し、エネルギーとして蓄えます。②について、消費者とは、生産者のつくった有機物を直接的または間接的に栄養分として利用するものをいいます。有機物(糖)を無機物(二

酸化炭素・水）に分解する生物を分解者といいます。③について、分解されてできた無機物（二酸化炭素・水）は非生物的環境（大気）に戻り、再び生産者の光合成によって生態系内に取り込まれます。④について、エネルギーは生産者により光エネルギーから化学エネルギーに変えられて、有機物中に蓄えられ、食物連鎖を通じてさまざまな生物に渡されていきます。この化学エネルギーは、それぞれの生物の生命活動に使われるたびに一部は熱エネルギーとなって体外に放出されます。この熱エネルギーを化学エネルギーに変換して再利用することは生物にはできません。よって、最終的に化学エネルギーはすべて熱エネルギーとなって生態系外（大気中）に放出されることになりますから、エネルギーが生態系内を循環することはありません。したがって、正解は④となります。

解答番号【18】：④　　⇒ **重要度A**

問2　会話文の8行目の太郎さんの発言にある「このブナの木,葉がないね」ということばと、それに続く花子さんの発言内容から、青虫の餌がブナの葉であることが推測できます。また、14行目から15行目にかけての花子さんの発言に「青虫を食べているさっきの甲虫がいる」とありますので、甲虫の餌は青虫だとわかります。これらのことから、食う食われるの関係で並べてみると、「ブナの葉→青虫→甲虫」という順になることがわかります。このような捕食・被食を通じてつくられる生物どうしのつながりの関係を食物連鎖といいます。実際、生物は、一対一のつながりではなく、多くの生物を捕食し、また被食されていて食物連鎖は複雑に絡み合っています。こうした関係を食物網といいます。したがって、正解は⑤となります。

解答番号【19】：⑤　　⇒ **重要度B**

問3　里山では、陽樹的な性質をもつコナラやクヌギなどの落葉広葉樹が優占しています。これらの樹種は、切られても切り株から新しい芽が伸びて数十年で成木となります。よって、伐採を繰り返しても持続的に利用し続けることができます。ただ、切り株から成木を再生するためには、ササなどの下草や陰樹的な常緑広葉樹のカシ類などの樹木や落ち葉を取り除くというような適度な人の管理が必要となります。このような里山の雑木林が放置されると、ササが林の地表を覆い常緑の低木が優占するようになって、地面に光が届きにくくなり、陽生植物が生育できなくなります。そして、草本類の種類も減少していって、生物の多様性が失われていきます。したがって、正解は③となります。

解答番号【20】：③　　⇒ **重要度A**

令和4年度 第1回
高卒認定試験

生物基礎

解答時間　50分

生　物　基　礎

$$\left(解答番号 \boxed{1} \sim \boxed{20}\right)$$

1 生物の特徴について，問１～問４に答えよ。

問 1　次の文章は，生物の大きさについての太郎と花子の会話である。文章中の空欄 ア ～ ウ に入る語句の正しい組合せを，次のページの①～④のうちから一つ選べ。
解答番号は ボックス 1 。

太　郎：ビオトープの池の水をすくってみたら，何か泳いでいるものが見えたよ。
　　　　顕微鏡で観察したものがこの生き物（図1）だよ。

花　子：この生き物は ア だね。私は乳製品を顕微鏡の高倍率で観察したけど，
　　　　「小さすぎてよく分からない。」と先生に言ったら， イ 顕微鏡で観察した
　　　　写真（図2）を見せてもらえたよ。観察できたのは乳酸菌だったわ。

太　郎：僕は池の近くで見つけた別の生き物を顕微鏡で観察して，スケッチ（図3）した
　　　　よ。

花　子：この生き物はイシクラゲ，またはネンジュモとも言うよ。

太　郎： ア と乳酸菌とイシクラゲの１つの細胞の大きさを順に並べるとどうなる
　　　　かな。

花　子：この順番かな。

　　　　 ア ＞ ウ

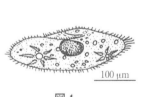

図 1

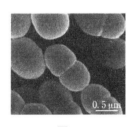

図 2

図 3

※図１～３の倍率は異なる。

	ア	イ	ウ
①	ミドリムシ	電 子	イシクラゲ＞乳酸菌
②	ミドリムシ	光 学	乳酸菌＞イシクラゲ
③	ゾウリムシ	電 子	イシクラゲ＞乳酸菌
④	ゾウリムシ	光 学	乳酸菌＞イシクラゲ

問 2　次の文章は，太郎がオオカナダモの葉の細胞を観察した結果を記したものである。文章中
の空欄　エ　と　オ　に入る語句の正しい組合せを，下の①～⑥のうちから一つ選べ。
解答番号は　2　。

【オオカナダモの葉の細胞の観察結果】

1.　プレパラートの作成時に染色液を使用しなかった時の様子

緑色の粒が動いていた。

緑色の粒が矢印の
向きに動いていた。

図4

2.　プレパラート作成時に染色液として酢酸カーミン溶液を使用した時の様子

核　　　緑色の粒

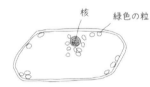

緑色の粒が動いていなかった。

赤く染色された核を観察できた。

図5

【まとめ】

　オオカナダモの葉の細胞には緑色の粒が確認でき，その粒は　エ　である。核は染
色液により染まり，観察できるようになった。

　また，　オ　と同じように，核と細胞壁が確認できた。

	エ	オ
①	ミトコンドリア	アメーバ
②	ミトコンドリア	タマネギの表皮細胞
③	葉緑体	アメーバ
④	葉緑体	タマネギの表皮細胞
⑤	液胞	アメーバ
⑥	液胞	タマネギの表皮細胞

問3 図6は，ヒトの呼吸によるエネルギーの流れを模式的に示したものである。図中の空欄 カ と キ に入る語句と呼吸に関する適切な文の正しい組合せを，下の①〜④のうちから一つ選べ。解答番号は 3 。

令和4年度第1回試験

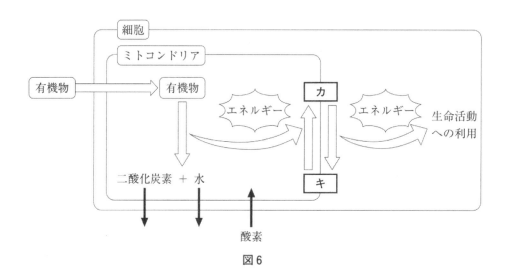

図6

【呼吸に関する文】

A 呼吸は有機物からエネルギーを取り出す反応である。

B 呼吸は細胞内で行われる反応で，酵素が関わらない反応である。

C ヒトが吐く息の中には，有機物の分解でできた二酸化炭素も含まれている。

D 呼吸では，グルコースなどの有機物が分解される。

	カ	キ	呼吸に関する適切な文
①	ATP	ADP	A・B・C
②	ATP	ADP	A・C・D
③	ADP	ATP	A・B・D
④	ADP	ATP	B・C・D

問 4 次の文章は，細胞内共生説（共生説）についての太郎と花子の会話である。文章中の空欄
　　　 ク 　と　 ケ 　に入る語句と　 コ 　に入る記号の正しい組合せを，次のページの
　　　①〜④のうちから一つ選べ。解答番号は　 4 　。

花　子：ミトコンドリアと葉緑体の起源について，分からないことがあるから教えても
　　　　らえるかな。

太　郎：もちろんいいよ。

花　子：元になる原核生物にシアノバクテリアの仲間と呼吸を行う細菌が共生して，今
　　　　の細胞小器官になった。シアノバクテリアの仲間が　 ク 　に，酸素を使う細
　　　　菌が　 ケ 　になった。ここまでは理解しているの。でも，どうして動物細胞
　　　　には　 ク 　がないのかしら。

太　郎：共生した流れを考えると分かるよ。次の図（図 7）でどちらが正しいか分かるか
　　　　な。

花　子：共生した流れを表しているのは　 コ 　ね。分かったわ，ありがとう。

E

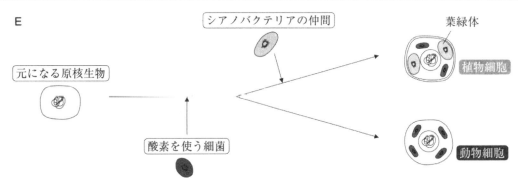

　元になる原核生物に酸素を使う細菌が共生した後に，シアノバクテリアの仲間が共生して植物細胞になった。

F

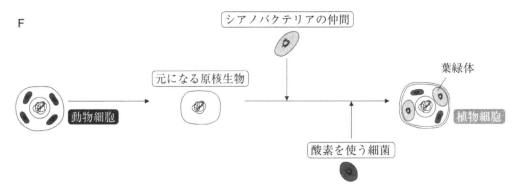

　動物細胞から元になる原核生物ができ，そこにシアノバクテリアの仲間と酸素を使う細菌が共生して植物細胞になった。

図7

	ク	ケ	コ
①	ミトコンドリア	葉緑体	E
②	ミトコンドリア	葉緑体	F
③	葉緑体	ミトコンドリア	E
④	葉緑体	ミトコンドリア	F

2 遺伝子とその働きについて，問1～問4に答えよ。

問 1 図1は，DNAの構造の一部を模式的に示したものである。ヌクレオチドの1つを正しく
太線で囲んだものを，下の①～⑤のうちから一つ選べ。解答番号は 5 。

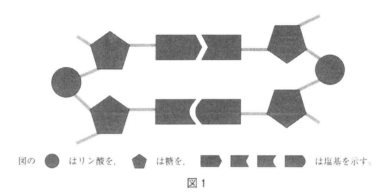

図の ● はリン酸を， ⬠ は糖を， ▰ ◂ ◅ ▱ は塩基を示す。

図 1

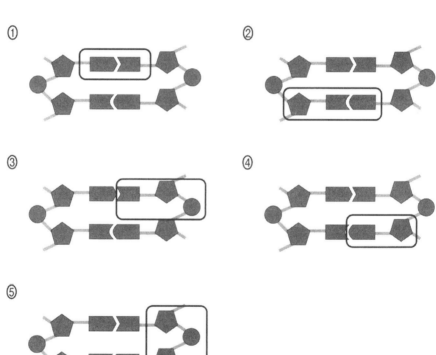

① ② ③ ④

⑤

問 2　表1は，各生物の遺伝子数とゲノムの塩基対数を示したものである。この表から分かることについて述べた正しい文を，下の①～④のうちから一つ選べ。解答番号は　6　。

表1

生物名	遺伝子数(個)	ゲノムの塩基対数
ヒト(動物)	約2万2000	約30億
ショウジョウバエ(動物)	約1万4000	約1億7000万
メダカ(動物)	約2万	約7億
ニワトリ(動物)	約1万5000	約10億7000万
イネ(植物)	約3万2000	約3億9000万
シロイヌナズナ(植物)	約2万7000	約1億4000万
大腸菌(細菌)	約4500	約460万

① 表1の生物では，ゲノムの塩基対数が多い生物ほど遺伝子数が多い。

② ゲノムの塩基配列の中には遺伝子として働かない部分があるため，表1からは，各生物における1つの遺伝子の平均的な大きさ(塩基対数)を求めることはできない。

③ 表1の生物では，ゲノムの塩基対数は，遺伝子数の1000～2000倍の値となっていることが分かる。

④ 表1から，ヒトの体をつくる細胞数はショウジョウバエの約30倍，イネの体をつくる細胞数はシロイヌナズナの約3倍であることが分かる。

問 3 次の文章は，細胞周期と体細胞分裂についての太郎と花子の会話である。文章中の空欄
 ア と イ に入る語句の正しい組合せを，下の①～④のうちから一つ選べ。
解答番号は 7 。

> 太　郎：体細胞分裂について教えてもらえるかな。なぜ，細胞が分裂を繰り返しても，
> 　　　　細胞１個当たりの DNA 量が減らないのか分からないんだ。
>
> 花　子：いいよ。細胞周期の図（図２）を描いてみるね。細胞周期の中には，元の DNA
> 　　　　と同じ DNA が合成される時期として ア があって，その時期に DNA 量
> 　　　　が倍に増える。そして倍に増えた DNA が分裂期を経て２つの娘細胞に等しく
> 　　　　分配される。だから何回分裂しても細胞１個当たりの DNA 量は変わらないん
> 　　　　だ。
>
>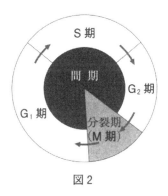
>
> 図２
>
> 太　郎：DNA 量が増える時期があるからなんだね。ところで，細胞周期が一周する時
> 　　　　間の長さは測れるのかな。
>
> 花　子：例えば，実験用に容器の中で増やしている細胞のように，盛んに分裂し，細胞
> 　　　　が分裂するタイミングがそろっていない多数の細胞の数が イ 倍になる時
> 　　　　間を調べればいいんだよ。

	ア	イ
①	G₁ 期	4
②	G₁ 期	2
③	S 期	4
④	S 期	2

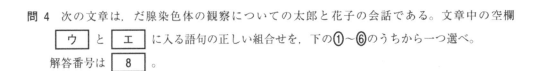

問 4 次の文章は，だ腺染色体の観察についての太郎と花子の会話である。文章中の空欄 ウ と エ に入る語句の正しい組合せを，下の①～⑥のうちから一つ選べ。解答番号は 8 。

太　郎：外にしばらく放置してあった水槽にユスリカの幼虫のアカムシがいたから，教科書に載っているパフの観察をやってみたんだ。

花　子：それ，私もやってみたかった実験だ。

太　郎：メチルグリーン・ピロニン染色液を使って実験したよ。DNA と RNA を染め分けたかったからね。

花　子：DNA はメチルグリーンで青緑色に，RNA はピロニンで赤色または赤桃色に染まるんだよね。観察してみてどうだったのかな。

太　郎：スケッチ（図3）してみたんだ。パフが赤色で，パフじゃない部分は青緑色だったよ。

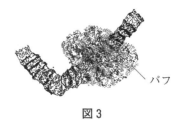

図 3

花　子：パフが赤色になったということは，その部分に RNA が多くあるということだから， ウ が盛んに起こっているんだよね。

太　郎：うん。だから，パフの位置は ウ が盛んに起こっている エ の位置を反映しているということだよね。

	ウ	エ
①	複　製	細　胞
②	複　製	遺伝子
③	翻　訳	細　胞
④	翻　訳	遺伝子
⑤	転　写	細　胞
⑥	転　写	遺伝子

3 生物の体内環境の維持について，**問1～問5**に答えよ。

問1 次の文章は，血球の働きについて述べたものである。文章中の空欄 ア ～ ウ に入る記号の正しい組合せを，下の①～④のうちから一つ選べ。解答番号は 9 。

　　脊椎動物の赤血球には，ヘモグロビンというタンパク質が含まれている。ヘモグロビンは，肺胞のように ア ところでは，酸素と結合して酸素ヘモグロビンになる。一方，筋肉のように イ ところでは，酸素を離して元のヘモグロビンに戻る性質がある。

　　酸素ヘモグロビンを多く含む血液は，鮮やかな紅色をしており，動脈血と言われる。ヒトの心臓の模式図（**図1**）において，動脈血が流れる場所は， ウ である。

【 ア と イ に入る記号】
　Ⅰ　酸素濃度が高く，二酸化炭素濃度が低い
　Ⅱ　酸素濃度が低く，二酸化炭素濃度が高い

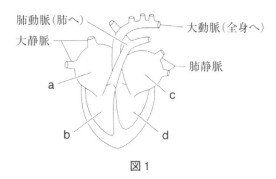

図1

	ア	イ	ウ
①	Ⅰ	Ⅱ	aとb
②	Ⅰ	Ⅱ	cとd
③	Ⅱ	Ⅰ	aとb
④	Ⅱ	Ⅰ	cとd

問 2　次の文章は，腎臓の働きについての太郎と花子の会話である。文章中の空欄　エ　〜　カ　に入る語句の正しい組合せを，次のページの①〜⑤のうちから一つ選べ。解答番号は　10　。

太　郎：腎臓の構造と働きがよく分からなかったから，まとめてみたんだ（図2）。花子さん，確認してもらっていいかな。

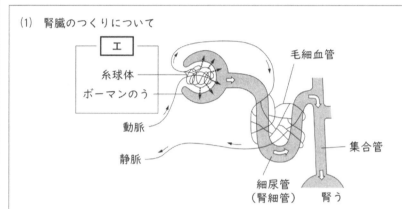

(1)　腎臓のつくりについて

　　　エ

　　糸球体
　　ボーマンのう
　　動脈
　　静脈

　　毛細血管
　　集合管
　　細尿管
　　（腎細管）　　腎う

※　矢印は血液や原尿などの液体の流れを示す。

(2)　尿の生成について

　血液から次のようにつくられていく

i　ろ過（糸球体からボーマンのうへ）・・・血球やタンパク質以外の物質がろ過され原尿となる。

ii　再吸収（細尿管から毛細血管へ）・・・　オ　は，基本的に全て再吸収される。水，無機塩類などは再吸収される量が調節される。

iii　再吸収されなかった物質は尿となって腎うに移動する。

図 2

花　子：よくまとめられているよ。腎臓は(2)のiiのように恒常性にも関係しているけど，どんな仕組みか説明できるかな。

太　郎：尿の量と成分を調節することで，体内環境を一定に保つということだよね。そこで特に大切なのは，脳下垂体から分泌される　カ　というホルモンだね。そのホルモンの働きで，腎臓は尿量を調節して，体液濃度を一定に保っている。

花　子：自分なりにまとめてみることで知識が整理できるよね。

	エ	オ	カ
①	腎単位（ネフロン）	グルコース	鉱質コルチコイド
②	腎単位（ネフロン）	グリコーゲン	鉱質コルチコイド
③	腎単位（ネフロン）	グルコース	バソプレシン
④	腎小体	グリコーゲン	鉱質コルチコイド
⑤	腎小体	グルコース	バソプレシン

令和４年度第１回試験

問 3　次の文章は，糖尿病について述べたものである。文章中の空欄　キ　〜　ケ　に入る
記号の正しい組合せを，下の①〜⑥のうちから一つ選べ。解答番号は　11　。

　　糖尿病は，血糖濃度が高い状態が続く病気である。この病気は，大きく2つに分けら
れ，1つはⅠ型糖尿病で，インスリンを分泌する細胞が破壊されている。もう1つは
Ⅱ型糖尿病で，主に標的細胞がインスリンを受け取れなくなっている。
　　図3は，3人の食事後の血糖濃度とインスリンの濃度変化を示したものである。

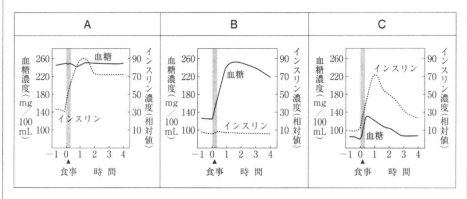

図 3

　　図3のグラフA〜Cにおいて，健康な人のグラフは　キ　，Ⅰ型糖尿病の人のグラ
フは　ク　，Ⅱ型糖尿病の人のグラフは　ケ　である。

	キ	ク	ケ
①	A	B	C
②	A	C	B
③	B	A	C
④	B	C	A
⑤	C	A	B
⑥	C	B	A

問 4 次の図は，免疫に関係する用語を，**体液性免疫**，**細胞性免疫**，**両方の免疫に共通**なものに分けて示したものである。正しい図を，次の①〜④のうちから一つ選べ。

解答番号は 　12　 。

①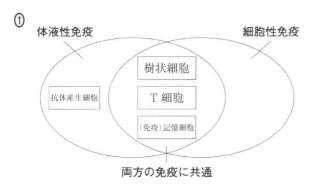

②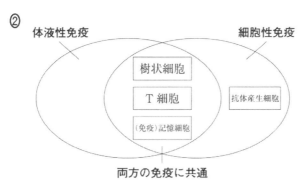

③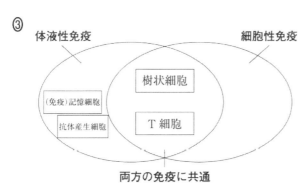

④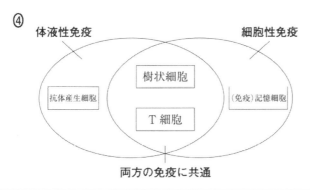

問 5　次の文章は，アカガイの血球についての太郎と花子の会話である。文章中の空欄　コ
　　　と　サ　に入る語句の正しい組合せを，次のページの①～④のうちから一つ選べ。
　　　解答番号は　13　。

> 太　郎：血球の観察をしたいんだよね。
>
> 花　子：先生からアカガイで血球の観察ができると聞いたよ。近所の魚屋さんにアカガ
> 　　　　イが売っていたから，観察してみようか。
>
> 太　郎：血液がそのまま顕微鏡で観察できるのかな。
>
> 花　子：先生が「貝の体液と同じ濃度の3.5％の食塩水を加えて観察すると，血球を観
> 　　　　察できる。」って言ってたよ。
>
> 太　郎：蒸留水とか他の濃度の食塩水ではだめなのかな。いろんな濃度で観察してみよ
> 　　　　うよ。
>
> 　～実験後～
>
> 太　郎：ほ乳類の赤血球と違ってだ円形だったね。だ円形だから長い直径と短い直径も
> 　　　　測ってまとめてみたよ（表1）。
>
> 表1
>
> | 加えた溶液 | スケッチ | 血球の様子 |
> | --- | --- | --- |
> | 3.5％
食塩水 | | 円盤状の血球が見られた。
長い直径の平均は13.6μm
短い直径の平均は10.4μm |
> | 10％
食塩水 | | 3.5％食塩水の血球よりも小さかった。
長い直径の平均は10.0μm
短い直径の平均は8.9μm |
> | 蒸留水 | | 3.5％食塩水，10％食塩水に比べて，血球の数が極端に少なかった。
長い直径の平均は16.3μm
短い直径の平均は16.0μm |

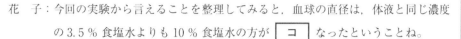

花　子：今回の実験から言えることを整理してみると，血球の直径は，体液と同じ濃度
　　　　の 3.5 % 食塩水よりも 10 % 食塩水の方が　　コ　　なったということね。

太　郎：蒸留水の時は血球の数が極端に少なかったけど，何でだろう。

花　子：3.5 % の食塩水に入れた時よりも，血球が　　サ　　見えなくなったんだ
　　　　ね。

太　郎：なるほど。濃度が違うだけでこんなに違うんだね。体液濃度が保たれることは
　　　　大切なんだね。

	コ	サ
①	大きく	大きくなりすぎて壊れて
②	大きく	小さくなりすぎて
③	小さく	大きくなりすぎて壊れて
④	小さく	小さくなりすぎて

令和4年度第1回試験

4 植生の多様性と分布について，問1～問4に答えよ。

問1 次の文章は，森林に関する調査についての先生と太郎と花子の会話である。文章中の空欄 ア ～ ウ に入る語句の正しい組合せを，下の①～⑤のうちから一つ選べ。解答番号は 14 。

先　生：夏休みに行った森林Xと森林Yの調査結果は，どのようにまとまりましたか。

太　郎：僕のグループでは，調査方法を説明した後に，「森林Xでは，林冠上部の光の強さ(明るさ)を100％としたときに，林床の光の強さは5％だった。」ということを，まとめとして発表しようと思います。

花　子：私のグループが調べた森林Yでは林床の光の強さは30％だったよ。つまり，林冠に当たる光の強さが同じであるとすると，森林Yの林床の方が ア ということになるね。どうしてこんな違いが生じたのかしら。

先　生：それぞれの森林の様子を描いてきたもの(図1と図2)を比べてみたらどうかな。

太　郎：生えている木の様子が違うね。僕のグループが調べた森林Xの方が階層構造が発達していたから， イ だね。

図1　　　　　　　　　　　　　　　図2

花　子：林冠の高さはほぼ同じなのに，図2では ウ が見られないね。

	ア	イ	ウ
①	暗　い	図1は森林Xで，図2は森林Y	高木層
②	暗　い	図1は森林Yで，図2は森林X	亜高木層
③	明るい	図1は森林Xで，図2は森林Y	高木層
④	明るい	図1は森林Xで，図2は森林Y	亜高木層
⑤	明るい	図1は森林Yで，図2は森林X	亜高木層

問2 次の文章は，極相林について述べたものである。文章中の空欄 エ と オ に入る
記号の正しい組合せを，次のページの①〜⑥のうちから一つ選べ。解答番号は 15 。

　　図3は，ある照葉樹林の極相林にギャップが生じた後，どのように変化したかを示し
た模式図である。もともと，この森林はⅠのようにタイプAの樹木が優占していたが，
Ⅱのように，台風の影響により倒木が生じて大きなギャップができた。その後，この部
分ではタイプBの幼木の成長が見られ，数十年後，Ⅲのような状態になった。

　　タイプAとタイプBを比較すると，タイプBの幼木の方が， エ 。そしてこの
後，この場所にギャップが生じることがなく数百年が経つと，一般的に オ で示し
たような状態になる。

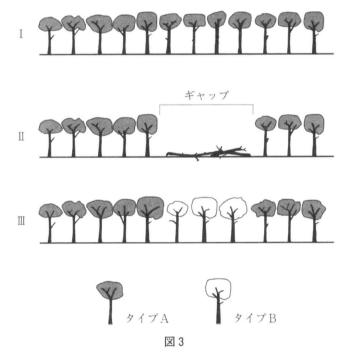

図3

【 エ に入る記号】

a 日陰の環境でも成長できる

b 強い光のもとで速く成長できる

【 オ に入る記号】

c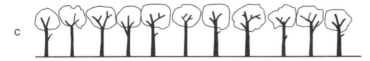

元々ギャップだった部分からタイプBの樹木が広がり, 全体でタイプBの樹木が優占する森林となる。

d

元々ギャップだった部分でもタイプAの樹木が成長し, タイプBの樹木と置き換わって全体にタイプAが優占する森林となる。

e

元々ギャップだった部分ではタイプBの樹木がそのまま残り, それ以外の部分ではタイプAの樹木が維持された森林となる。

	エ	オ
①	a	c
②	a	d
③	a	e
④	b	c
⑤	b	d
⑥	b	e

問 3 次の文章は，ある植物園を訪れた太郎と花子の会話である。文章中の空欄 カ と キ に入る語句の正しい組合せを，下の①〜⑥のうちから一つ選べ。解答番号は 16 。

太　郎：この植物園の温室は，「砂漠・サバンナの部屋」と「熱帯多雨林の部屋」の2つに分かれているね。今いる部屋には，サボテンの仲間がたくさんあるね。

花　子：そうね。サボテンの仲間は茎に水分を蓄えられるようになっていて，砂漠のような乾燥した場所でも生育できるのね。

太　郎：この温室には，アカシアの仲間もあるね。アカシアは，砂漠よりもやや降水量が多い，熱帯の雨季と乾季のある草原で見られる植物だね。そんな場所のバイオームは，サバンナと呼ばれているんだね。もう1つの部屋に移動してみよう。

花　子：こっちの部屋には，ヘゴのような木生シダがあるよ。これは，熱帯地方に分布している植物だね。

太　郎：それから，フタバガキもあるね。特に熱帯多雨林では年間を通して高温多湿で， カ 広葉樹の キ や，それに付いて生活する着生植物が見られるんだね。

	カ	キ
①	落　葉	地をはうような木本類
②	落　葉	水分が蒸発しにくい硬い葉をもつ木本類
③	落　葉	巨大な高木
④	常　緑	地をはうような木本類
⑤	常　緑	水分が蒸発しにくい硬い葉をもつ木本類
⑥	常　緑	巨大な高木

問 4 　日本のバイオームの中で照葉樹林の分布域を示した最も適切な図を，次の①～④のうちか
ら一つ選べ。ただし，図の黒い部分が照葉樹林の分布域を示しているものとする。

解答番号は 　17 　。

①　　　　　　　　　　　②

③　　　　　　　　　　　④

5 生態系とその保全について，問1～問3に答えよ。

問 1 次の文章は，食物連鎖について述べたものである。文章中の空欄 ア ～ ウ に入る語句の正しい組合せを，下の①～⑥のうちから一つ選べ。解答番号は 18 。

> 生態系を構成する生物は，食物連鎖でつながっており，各段階を栄養段階という。ある一定の面積当たりの生物の個体数を調べ，その生物が属する栄養段階でまとめると，図1のようなピラミッド状になる。Xは ア であり，例えば イ などの生物が当てはまる。生産者の個体数が大きく減ると，Xの個体数は ウ する。

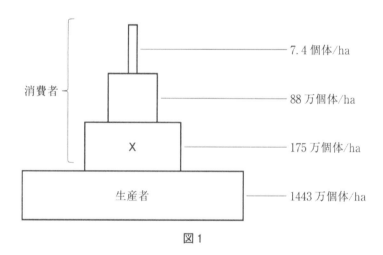

図 1

	ア	イ	ウ
①	一次消費者	バッタ類	減 少
②	一次消費者	クモ類	減 少
③	一次消費者	クモ類	増 加
④	二次消費者	バッタ類	減 少
⑤	二次消費者	バッタ類	増 加
⑥	二次消費者	クモ類	増 加

問 2 生態系における窒素循環の一部について示した正しい模式図を，次の①～④のうちから一つ選べ。ただし，**実線の矢印**(──→)は**有機物**，**点線の矢印**(----→)は**無機物**の移動を示している。なお，生物から放出された気体の窒素(N_2)は必ず大気中を移動するものとし，土壌中の様々な種類の細菌は「細菌類」としてまとめた。解答番号は　19　。

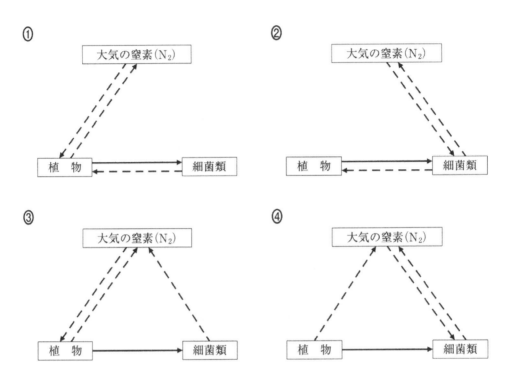

問 3 次の文章は，マングースがヤンバルクイナに与える影響について述べたものである。文章中の空欄 エ ～ カ に入る語句の正しい組合せを，次のページの①～⑥のうちから一つ選べ。解答番号は 20 。

　　沖縄県本島では， エ である哺乳類のマングースが，本島固有種である鳥類のヤンバルクイナを捕食しているため，ヤンバルクイナの保護の観点でマングースを毎年捕獲している。図2に示すように，マングースは，捕獲数から考えると生息範囲が狭くなり，個体数は減少している。ヤンバルクイナは生息範囲が オ なり，個体数は カ している傾向が見られる。

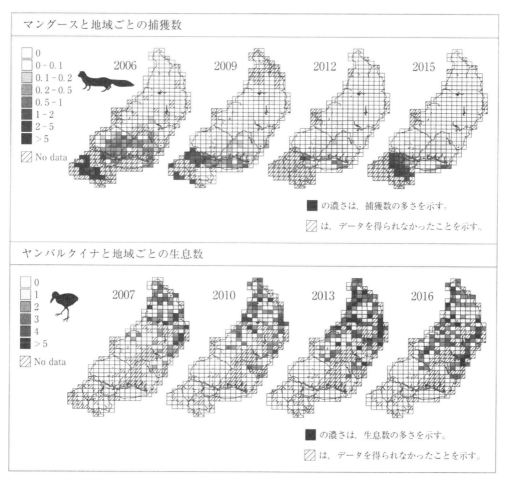

図2　　　　　地図は沖縄県本島の北部を示している。

（T. Yagihashi 他（2021）より作成）

	エ	オ	カ
①	絶滅危惧種	狭 く	減 少
②	絶滅危惧種	狭 く	増 加
③	絶滅危惧種	広 く	増 加
④	外来生物	狭 く	減 少
⑤	外来生物	広 く	増 加
⑥	外来生物	広 く	減 少

令和４年度　第１回

解答・解説

令和４年度　第１回　高卒認定試験

─────────────── 【　解　答　】 ───────────────

1	解答番号	正答	配点	2	解答番号	正答	配点	3	解答番号	正答	配点	4	解答番号	正答	配点	5	解答番号	正答	配点
問1	1	③	5	問1	5	③	5	問1	9	②	5	問1	14	④	5	問1	18	①	5
問2	2	④	5	問2	6	②	5	問2	10	⑤	5	問2	15	⑤	5	問2	19	②	5
問3	3	②	5	問3	7	④	5	問3	11	⑥	5	問3	16	⑥	5	問3	20	⑤	5
問4	4	③	5	問4	8	⑥	5	問4	12	①	5	問4	17	④	5	-	-		
-								問5	13	③	5	-							

─────────────── 【　解　説　】 ───────────────

1

問1　ビオトープとは、自然の水辺の生態系を人工的に再現し動植物が自然に近い状態で生息している場所のことです。小学校の校庭などにつくられ、教材として活用されています。ミドリムシは、体内に葉緑体をもっていて光合成を行うことができる微生物です。赤い目のような器官が体の先端にあります。２本のべん毛をもち動くことができます。ゾウリムシは、全体をせん毛で覆われています。中心に楕円上の大核があり、水分調節を行う収縮胞という星の形状をした器官をもっています。図１の生物は、せん毛・大核・収縮砲が見られることからゾウリムシだとわかります。図１の生物を観察した顕微鏡は光学顕微鏡です。光学顕微鏡で倍率を上げても見えない、図２の観察物に対しては電子顕微鏡で観察を行います。光学顕微鏡が光をレンズで拡大して観察するのに対して、電子顕微鏡は電子を観察物に当てて跳ね返った電子を捉えることで拡大像を得ることができます。また、図１のゾウリムシは真核生物で、図２の乳酸菌と図３の光合成を行うシアノバクテリアの一種であるイシクラゲ（ネンジュモ）は原核生物です。一般的に、細胞の大きさは、真核生物＞原核生物という大小関係があります。また、それぞれの図の右下に記載されているスケールバー（長さの単位表示）から、ゾウリムシ（約400μm）＞イシクラゲ（約60μm）＞乳酸菌（約1.0μm）という大小関係があることがわかります。したがって、正解は③となります。

解答番号【1】：③　　⇒ 重要度B

問2　オオカナダモは水草の一種です。光学顕微鏡で観察すると、動いている緑色の粒を観察することができます。細胞の中では細胞質中の葉緑体やミトコンドリアなどの細胞小器官が流れるように動いています。これにより、各器官で物質のやり取りなどを行うことができます。観察結果１は、この様子が記されています。観察結果２では、核を染色する酢酸

カーミン溶液を使用すると細胞内の流れが止まる様子が記されています。これは酢酸カーミンによって細胞が死んでしまったためです。観察される緑色の粒は光合成が行われる場所である葉緑体です。オオカナダモと同じ植物細胞であるタマネギの表皮細胞では、核と細胞壁が確認できます。アメーバは、動物細胞のため、核は存在しますが細胞壁は存在しません。したがって、正解は④となります。

解答番号【2】：④　　⇒ 重要度B

問3　図6にある矢印の向きに着目します。ミトコンドリア内の有機物を二酸化炭素と水に分解する際にエネルギーを取り出し、そのエネルギーからADPにリン酸を1つ加えてATPを合成することでエネルギーを蓄えます。また、ATPをADPとリン酸に分解することによってエネルギーを取り出すことができます。よって、空欄カには「ATP」、空欄キには「ADP」が入ります。呼吸は、ミトコンドリア内でグルコースなどの有機物を分解してエネルギーを取り出す反応です。このときに生成される二酸化炭素が、血液とともに肺まで運ばれてヒトの呼気として体外に排出されます。一般的な呼吸は、ATPを生成するために酸素が必要です。よって、「呼吸に関する文」のBは誤りです。したがって、正解は②となります。

解答番号【3】：②　　⇒ 重要度A

問4　シアノバクテリアは光合成を行う原核生物です。元になる原核生物の細胞内にシアノバクテリアの仲間が入り込んで葉緑体となったといわれています。そして、酸素を使い呼吸を行う原核生物が同様に入り込んでミトコンドリアになったといわれています。図7のFは、元になる生物が動物細胞つまり真核生物になっているため間違いです。図7のEは、元になる原核生物に酸素を使う細菌とシアノバクテリアの仲間が入り込んで植物細胞と動物細胞に進化する細胞内共生説の流れを表しています。したがって、正解は③となります。

解答番号【4】：③　　⇒ 重要度A

2

問1　リン酸に糖（デオキシリボース）と塩基が結合した構造をヌクレオチドといいます。①は塩基対、②は糖と塩基、④は塩基と糖、⑤は糖とリン酸が囲まれています。③はリン酸と糖と塩基が囲まれていますので、これがヌクレオチドの1つを囲んだものになります。したがって、正解は③となります。

解答番号【5】：③　　⇒ 重要度A

問2　①について、表1を用いて、ヒトとシロイヌナズナを比べてみます。ヒトのゲノムの塩基対数は約30億で、シロイヌナズナのゲノムの塩基対数は約1億4000万です。つまり、ヒトのゲノムの塩基対数は、シロイヌナズナのおよそ30倍です。これに対し、ヒトの遺伝子数は約2万2000個で、シロイヌナズナの遺伝子数は2万7000個と比較的近い値です。よって、「ゲノムの塩基対数が多い生物ほど遺伝子数が多い」とある①は誤りです。②について、ゲノムの塩基対数から1つの遺伝子の平均的な大きさを算出することは、遺伝子としてはたらかない塩基対が含まれるためできません。よって、②は正しいです。③について、表1のニワトリの行を見ると、ゲノムの塩基対数が約10億7000万であるのに対して、遺伝子数は約1万5000です。つまり、ゲノム塩基対数は遺伝子数のおよそ

令和４年度 第１回／生物基礎

10万倍あることになります。よって、③は誤りです。④について、すべての細胞にゲノムの全塩基対が同等に含まれていることから、遺伝子数やゲノムの塩基対数に基づいて細胞数を算出することはできません。よって、④は誤りです。したがって、正解は②となります。

解答番号【6】：②　⇒ **重要度 A**

問3　細胞周期の中で、元のDNAと同じ塩基配列をもつDNAが合成される期間はS期です。よって、空欄アには「S期」が入ります。G₁期はDNA合成準備期です。細胞周期とは１つの細胞が２つに分裂する期間のことですから、細胞周期が１周する時間の長さは、細胞の数が２倍になる時間を調べることによって得られます。細胞が分裂するタイミングが揃っていない多数の細胞でも、それらの細胞の数が２倍になるまでの時間を１細胞周期とすることができます。よって、空欄イには「２」が入ります。したがって正解は④となります。

解答番号【7】：④　⇒ **重要度 A**

問4　ユスリカの幼虫のだ腺には巨大な染色体が存在します。この染色体はだ腺染色体といい、ところどころにパフと呼ばれる膨らみが観察できます。パフでは、核中で折りたたまれて凝縮されている染色体がほどけて、染色体上の遺伝子をRNAが読み取っているため、RNAがほかの部分より多く存在しています。つまり、DNAの遺伝情報をRNAが読み取る転写が盛んに行われています。パフの位置はRNAが読み取る遺伝子の位置を反映しています。したがって、正解は⑥となります。

解答番号【8】：⑥　⇒ **重要度 A**

３

問1　肺胞では、肺呼吸により体外の気体の出入りを行うため、酸素濃度が高く、二酸化炭素濃度が低くなります。筋肉では、細胞呼吸により酸素を使いエネルギーを取り出して活動に利用するため、酸素濃度は低く、二酸化炭素濃度が高くなります。動脈血とは、酸素濃度の高い肺から戻ってきた血液のことです。動脈血は、肺から肺静脈を通って心臓に戻り、c（左心房）とd（左心室）を通って大動脈を経て全身へ流れ出します。したがって、正解は②となります。

解答番号【9】：②　⇒ **重要度 B**

問2　腎臓の糸球体とボーマンのうを腎小体と呼びます。腎単位（ネフロン）とは、腎小体と細尿管と毛細血管の構造単位のことを指します。細尿管から毛細血管にすべて再吸収されるのはグルコースです。グリコーゲンは、肝臓でグルコースを貯蔵するときにグルコースを合成したものです。腎臓の集合管で尿量（水の再吸収）を調節するのは、脳下垂体から分泌されるバソプレシンというホルモンです。副腎皮質から分泌される鉱質コルチコイドは、尿の無機塩類の量を調整します。したがって、正解は⑤となります。

解答番号【10】：⑤　⇒ **重要度 A**

問3　ヒトの血糖値は、空腹時には血液100mL中に100mg前後とほぼ一定に保たれています。これが60mg以下になると、けいれんや意識喪失などの症状が現れます。逆に高血

糖の状態が続くと、毛細血管などを損傷し、さまざまな症状が現れます。これが糖尿病です。Ⅰ型糖尿病は、血糖値を下げるインスリンを分泌するすい臓のランゲルハンス島のB細胞が破壊されることによって罹患します。そのため、食事をしてもインスリンの濃度は上昇しません。図3のグラフBは、食後に血糖値は上昇するものの、インスリンの分泌量は上昇しません。よって、Ⅰ型糖尿病の人のグラフはBとなります。Ⅱ型糖尿病は、インスリンが分泌されても標的器官である肝臓がそれに反応できないため、インスリン濃度が上昇しても血糖が下がりません。図3のグラフAは、食事と同時にインスリンの分泌量が上昇していますが、血糖値はほぼ高い値で一定を保っています。よって、Ⅱ型糖尿病のグラフはAとなります。健康な人は、食事をすると血糖値が上がりますが、すぐにインスリンの分泌量が上昇して血糖値が下がっていきます。図3のグラフCは、インスリンの分泌量が上昇したのち血糖値は下がっていきます。よって、健康な人のグラフはCとなります。したがって、正解は⑥となります。

解答番号【11】：⑥ ⇒ 重要度B

問4　獲得免疫の分類分けに関する問題です。獲得免疫においては、まず樹状細胞が抗原を認識して、ヘルパーT細胞を介して体液性免疫や細胞性免疫を活性化させます。体液性免疫においては、抗体を多数分泌する抗体産生細胞にB細胞が分化して抗体を生産し、その抗体を抗原に結合させて、抗原抗体反応により病原体の増殖と細胞への感染を防ぎます。細胞性免疫においては、細胞に侵入した細菌やウイルスを（キラー）T細胞が直接攻撃し排除します。体液性免疫で増殖したB細胞や細胞性免疫で増殖した（キラー）T細胞は、一部が記憶細胞として体内に残ります。①の模式図は、樹状細胞・T細胞・（免疫）記憶細胞が体液性免疫と細胞性免疫に共通し、抗体産生細胞は体液性免疫にのみ含まれていることを表しています。②の模試図は、細胞性免疫に抗体産生細胞が含まれているので誤りです。③の模式図は、体液性免疫にのみ（免疫）記憶細胞が含まれているので誤りです。④の模式図は、細胞性免疫にのみ（免疫）記憶細胞が含まれているので誤りです。（免疫）記憶細胞は両免疫に共通のものです。したがって、正解は①となります。

解答番号【12】：① ⇒ 重要度A

問5　生物の体内では、体液の塩類濃度が調整されています。3.5％の食塩水の中にアカガイの血液を入れると、円盤状の血球が見られたことより、この濃度がアカガイの体液濃度に近いことがわかります。この円盤状の血球は赤血球です。次に、アカガイの体液濃度より高い10％食塩水にアカガイの血液を入れると、血球内と食塩水側の濃度が同じになろうとして血球中の水分が食塩水側に移動します。食塩水の食塩は、血球中に移動しようとしますが、血球の膜を通過することができません。そのため、血球中の水分だけが流れ出て血球はしぼんでいきます。よって、空欄コには「小さく」が入ります。また、アカガイの体液濃度より低い蒸留水に血液を入れると、濃度を一定に保とうと蒸留水の水が血球内に移動します。血球中の塩類は蒸留水側に移動できません。これにより、血球中が水分で膨れ上がり壊れて破裂してしまいます。よって、空欄サには「大きくなりすぎて壊れて」が入ります。したがって、正解は③となります。

解答番号【13】：③ ⇒ 重要度B

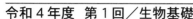

4

問1　森林は、植物の高さにより高木層・亜高木層・低木層・草本層に区分けできます。図1は主に高木層・亜高木層からなる森林で、図2は主に高木層からなる森林であるということがわかります。階層構造が複雑なほうが下層への光の透過が妨げられるので、図2よりも図1の森林の林床のほうが暗くなります。会話文の3行目と5行目に、森林Xの林床の光の強さは5％、森林Yの林床の光の強さは30％とありますので、森林Yより森林Xの林床のほうが暗いことがわかります。よって、図1は森林X、図2は森林Yとなります。したがって、正解は④となります。

解答番号【14】：④　　⇒ 重要度A

問2　森林にギャップができると林床に強い光が届くようになります。極相の森林の林床は暗く日光が届きにくいため、陽樹の幼木が育つことができず、陰樹を主体とした森林となります。しかし、ギャップにより林床に光が届くようになると陽樹の幼木が成長できるようになります。図3のⅠは森林の極相林ですので、タイプAは陰樹となります。また、ギャップの形成によりタイプBの幼木の成長が見られたことから、タイプBは陽樹となります。よって、タイプAとタイプBを比較すると、タイプBの幼木のほうが、強い光のもとで速く成長できることがわかります。また、このギャップも数百年と年月が経つと、森林の遷移の過程をたどり、日陰の環境でも成長できるタイプAの陰樹が成長し、タイプBの陽樹と置き換わって陰樹が優占する森林dの状態となります。したがって、正解は⑤となります。

解答番号【15】：⑤　　⇒ 重要度A

問3　赤道に近い高温多雨の熱帯多雨林では、植物が一年を通じてよく生育します。気温の低下や乾季がないため、樹木は葉を落とす必要がなく、常緑広葉樹が優占する樹木からなります。落葉樹は、乾季や気温の低下など厳しい環境におかれた樹木に見られます。熱帯多雨林では、一年中十分な光合成ができるため植物がよく成長し、樹高50mを超す巨大な高木が優占します。森林の階層構造が複雑で種類も多く、多種の生物が生息しています。水分が蒸発しにくい硬い葉をもつ木本類とは、オリーブやゲッケイジュなどの硬葉樹です。地をはうような木本類とは、豪雪や強風に耐えうる木本類ですので、熱帯雨林の植物ではありません。したがって、正解は⑥となります。

解答番号【16】：⑥　　⇒ 重要度A

問4　冬が比較的温暖で夏に降水量が多い地域に照葉樹林は分布しています。冬に気温が下がらない地域に生息するので葉を落とす必要がなく、常緑広葉樹が優占しています。①は、東北のほとんどの地域、北海道の大半を黒い部分が占めています。これは冬に落葉することで寒さに適用する落葉広葉樹が占める夏緑樹林の分布と考えられます。②は、北海道の大部分を黒い部分が占めています。北海道は、東北部が針葉樹林、南部が夏緑樹林という分布なので、正しい日本のバイオームではありません。③は、九州南端から沖縄まで黒い部分が占めていますが、この地域は高温湿潤な地域のため亜熱帯多雨林です。よって、照葉樹林を示している分布は④です。したがって、正解は④となります。

解答番号【17】：④　　⇒ 重要度B

5

問1　生産者とは、太陽の光エネルギーを使って無機物である二酸化炭素と水から有機物をつくりだす生物のことをいいます。生産者（植物）のつくった有機物を直接栄養分として利用する生物を一次消費者（動物）といいます。図1の生産者の栄養段階の上に乗るのは一次消費者です。バッタ類が草食動物、クモ類は肉食動物です。よって、Xにはバッタ類が入ります。草類である生産者の個体数が減ると、草類を摂食する一次消費者の個体数は食物がなくなるため減少します。したがって、正解は①となります。

解答番号【18】：①　　⇒ ■重要度A■

問2　窒素 N_2 は空気中の約8割を占めています。タンパク質や核酸の構成成分であるため生物にとって必要不可欠なものです。しかし、大気中の窒素を生態系内に取り込むことができるのは、窒素固定細菌のみです。窒素固定細菌によって取り込まれた窒素は生態系内を巡回し、脱窒素細菌によって大気中に放出されます。つまり、窒素が生態系内へ出入りする際には細菌のはたらきが必要不可欠です。大気中の窒素と細菌類の間に矢印があり、大気中の窒素と植物の間に矢印がない②が、正しい模式図となります。したがって、正解は②となります。

解答番号【19】：②　　⇒ ■重要度A■

問3　マングースは南アジアに生息する哺乳類です。沖縄に生息する猛毒をもつハブを駆除するため、1910年頃にバングラディッシュより沖縄に連れてこられました。よって、マングースは外来種です。しかし、マングースはハブだけを捕食するのではなく、ヤンバルクイナなどの沖縄本島に生息する在来種を捕食するようになりました。そのため、外来種であるマングースを毎年駆除しています。こうしたことから、マングースに捕食されていたヤンバルクイナが生息する範囲は以前よりも広くなり、個体数が増加しています。また、図2の下のヤンバルクイナの地域ごとの生息数からもこのことがわかります。したがって、正解は⑤です。なお、絶滅危惧種とは、トキやアホウドリなど絶滅の恐れが極端に高い生物種のことをいいます。

解答番号【20】：⑤　　⇒ ■重要度A■

令和３年度 第２回
高卒認定試験

生物基礎

解答時間　50分

生物基礎

$$\left(\text{解答番号}\quad\boxed{1}\ \sim\ \boxed{20}\right)$$

<u>1</u>　生物の特徴について，問１〜問４に答えよ。

問 1　次の表1は，生物のDNA，葉緑体及び細胞壁の有無を示したものである。表1中の空欄 $\boxed{ア}$ 〜 $\boxed{ウ}$ に入る記号の正しい組合せを，下の①〜⑤のうちから一つ選べ。
解答番号は $\boxed{1}$ 。

表 1

	真核生物（植物細胞）	原核生物
DNA	$\boxed{ア}$	＋
葉緑体	＋	$\boxed{イ}$
細胞壁	$\boxed{ウ}$	＋

＋は存在すること，−は存在しないことを示している。

	ア	イ	ウ
①	＋	＋	＋
②	＋	－	＋
③	＋	－	－
④	－	＋	＋
⑤	－	＋	－

問2 次の文章は，ATP と ADP の構造についての太郎と花子の会話を記したものである。文章中の空欄 エ ～ カ に入る語句の正しい組合せを，下の①～④のうちから一つ選べ。解答番号は 2 。

> 花　子：今日の授業は ATP と ADP の構造を学習する予定だけど，予習してきたよね。
>
> 太　郎：教科書を読んでみて，ATP の「P」はリン酸を表していることは分かったけど，「A」や「T」は何を表しているか分からなかったんだ。
>
> 花　子：ATP の構造の模式図（図1）を見ながら説明するね。
>
>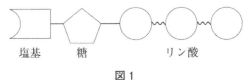
>
> 塩基　　糖　　　　　リン酸
>
> 図1
>
> 花　子：ATP は塩基と糖とリン酸から構成されていて，塩基は「 エ 」で，糖はリボースだよ。ATP の「A」はこの塩基と糖の2つが結合した オ を表しているのよ。
>
> 太　郎：そうだったね。それでは「T」は何を表しているんだっけ。
>
> 花　子：「T」は3という数字を表しているのよ。
>
> 太　郎：なるほど，図1より，「T」はリン酸の数を表していたのか。そうすると ADP の「D」はリン酸が「 カ 」あることを表すんだね。

	エ	オ	カ
①	アデノシン	アデニン	1 つ
②	アデノシン	アデニン	2 つ
③	アデニン	アデノシン	1 つ
④	アデニン	アデノシン	2 つ

問 3 次の文章は，酵素に関する実験を計画したものである。どのような実験結果が得られれ
ば，ゼラチンが分解されるおよその時間を知ることができるか。試験管A～試験管Cの実験
結果の正しい組合せを，下の①～④のうちから一つ選べ。ただし，＋は固まったことを，－
は固まらなかったことを示す。解答番号は　3　。

ゼラチンはお湯に溶け，溶液になる（ゼラチン溶液）。冷やすとゼリー状に固まる。ま
た，ゼラチンはタンパク質なので，タンパク質を分解する酵素であるペプシンによって
分解される。ゼラチンが分解されると，冷やしてもゼリー状に固まらない。

【目　的】　ゼラチンが分解されるおよその時間を調べる。

【方　法】　(1)　ゼラチンをお湯に溶かし，ある濃度のゼラチン溶液を作製する。

　　　　　　(2)　40℃ に保温しながら，ある濃度のペプシン溶液を一定量加え，すばや
　　　　　　　　く混ぜる（図 2 ）。

　　　　　　(3)　ペプシン溶液を混ぜてすぐ（ 0 秒後）に，ペプシンを加えたゼラチン溶液
　　　　　　　　3 mL を試験管に入れて，氷水で冷やす。これを試験管Aとし，ゼラチ
　　　　　　　　ンの状態を調べる（図 3 ）。

　　　　　　(4)　ペプシン溶液を混ぜて 30 秒後に，ペプシンを加えたゼラチン溶液 3 mL
　　　　　　　　を試験管に入れて，氷水で冷やす。これを試験管Bとし，ゼラチンの状
　　　　　　　　態を調べる。

　　　　　　(5)　(4)と同じ操作を 60 秒後にも行う。これを試験管Cとし，ゼラチンの状
　　　　　　　　態を調べる。

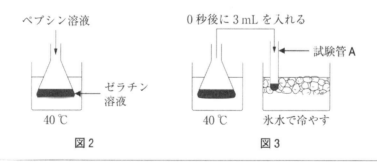

図 2　　　　　　　　　　　図 3

	試験管A	試験管B	試験管C
①	＋	＋	＋
②	＋	＋または－	－
③	－	＋または－	＋
④	－	－	＋

問 4　次の文章は，細胞小器官についての太郎と花子の会話を記したものである。文章中の空欄 キ ～ ケ に入る語句の正しい組合せを，下の①～⑥のうちから一つ選べ。
解答番号は 4 。

花　子：今日は，細胞小器官の起源について学習したね。

太　郎：ミトコンドリアは， キ が他の単細胞生物に取り込まれて ク するようになったと考えられていたね。

花　子：ミトコンドリアは，前にも学習していた気がするよ。

太　郎：細胞の呼吸に関わる細胞小器官として学習したよ。呼吸では，酸素を用いて ケ を分解することで，エネルギーを獲得していたね。

	キ	ク	ケ
①	シアノバクテリア	同　化	無機物
②	シアノバクテリア	同　化	有機物
③	シアノバクテリア	共　生	有機物
④	好気性細菌	同　化	無機物
⑤	好気性細菌	共　生	無機物
⑥	好気性細菌	共　生	有機物

2 遺伝子とその働きについて，問1〜問4に答えよ。

問1 次の文章は，血液に関係がある細胞についての太郎と花子の会話を記したものである。この会話を参考に，DNAを持たない細胞として正しいものを，下の①〜④のうちから一つ選べ。解答番号は 5 。

太　郎：生物の共通性としてDNAを持つことを習ったけど，全ての細胞がDNAを持つのかな。

花　子：DNAは遺伝情報だから，分裂する細胞はDNAを持つと言えるわね。

太　郎：ヒトの血液に含まれる血球成分について考えてみよう。血球成分は(a)造血幹細胞という骨髄にある細胞が元になり，分裂・分化してできたものだったね。

花　子：造血幹細胞が分裂を続けることで，血球がつくられ続けるんだったわね。

太　郎：ヒトの血球成分のうち，(b)赤血球が分化する時，核は細胞の外に放出されると習ったね。(c)白血球は分化する時，核は細胞の外に放出されないんだったね。血小板は，(d)巨核球という巨大な核を持つ細胞の細胞質部分がちぎれてできたものだよね。

花　子：このように考えてみると，これらの細胞の中にはDNAを持たない細胞があることが分かるわね。

---

① (a)造血幹細胞

② (b)赤血球

③ (c)白血球

④ (d)巨核球

問 2　次の**図1**は，体細胞分裂の細胞周期の過程を示したものである。図中 e ～ g のうち S 期を示す記号と，分裂期の細胞1つ当たりの DNA 量を1とした時の細胞1つ当たりの G_1 期の DNA 量の正しい組合せを，下の①～⑥のうちから一つ選べ。解答番号は　6　。

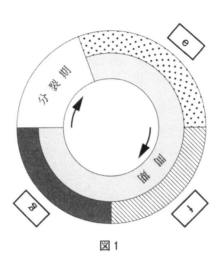

図1

	S 期を示す記号	G_1 期の DNA 量
①	e	0.5
②	e	1
③	f	0.5
④	f	1
⑤	g	1
⑥	g	2

問 3　転写または翻訳について述べた文ア～エのうち，**翻訳**について述べた文の正しい組合せ

　　を，下の①～④のうちから一つ選べ。解答番号は　┃ 7 ┃ 。

　　ア　アミノ酸が次々に結合し，連なる。

　　イ　DNA の一方の鎖の塩基配列を写し取った mRNA が合成される。

　　ウ　アミノ酸が mRNA の塩基配列に指定された通りに並べられる。

　　エ　DNA の二重らせんの一部がほどける。

　　① ア．イ

　　② ア．ウ

　　③ イ．エ

　　④ ウ．エ

問4 動物の体を構成する細胞には多くの種類がある。だ腺の細胞では，アミラーゼの遺伝子が発現してアミラーゼがつくられている。すい臓の細胞では，インスリンの遺伝子が発現してインスリンがつくられている。だ腺の細胞及びすい臓の細胞に存在している遺伝子の有無の正しい組合せを，次の①～⑤のうちから一つ選べ。ただし，＋は遺伝子が存在することを，－は遺伝子が存在しないことを示している。解答番号は　8　。

①

	アミラーゼの遺伝子	インスリンの遺伝子
だ腺の細胞	＋	＋
すい臓の細胞	＋	＋

②

	アミラーゼの遺伝子	インスリンの遺伝子
だ腺の細胞	－	＋
すい臓の細胞	＋	＋

③

	アミラーゼの遺伝子	インスリンの遺伝子
だ腺の細胞	＋	－
すい臓の細胞	＋	＋

④

	アミラーゼの遺伝子	インスリンの遺伝子
だ腺の細胞	＋	＋
すい臓の細胞	－	＋

⑤

	アミラーゼの遺伝子	インスリンの遺伝子
だ腺の細胞	＋	－
すい臓の細胞	－	＋

3 体内環境と恒常性について，問1〜問5に答えよ。

問1 次の文章は，ヒトの血液について述べたものである。文章中の空欄 ア と イ に入る語句の正しい組合せを，下の①〜④のうちから一つ選べ。解答番号は 9 。

体液は全身の細胞が生きていけるように様々な役割を果たしている。体液の1つである血液は赤色である。それは，血液中の赤血球に赤い色の物質 ア が含まれているからである。 ア には鉄が含まれる。図1は，血球を顕微鏡で観察した時の様子である。血液中の赤血球に比べて イ の細胞数はおよそ1000分の1である。

イ は免疫に関係する細胞である。

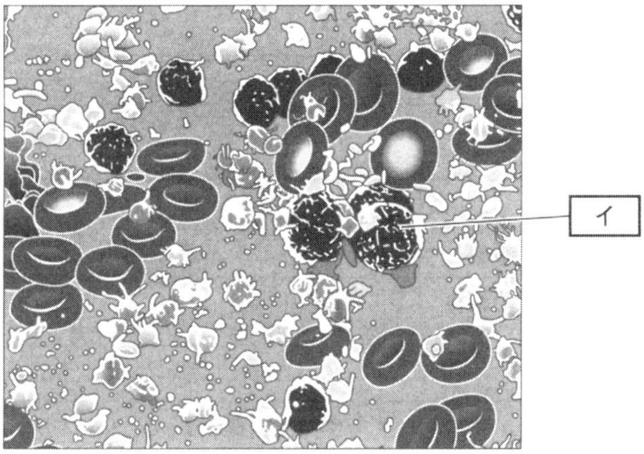

図1

	ア	イ
①	フィブリン	白血球
②	フィブリン	血しょう
③	ヘモグロビン	血しょう
④	ヘモグロビン	白血球

令和３年度第２回試験

問2　次の文章は，肝臓についての太郎と花子の会話を記したものである。文章中の空欄
　　　ウ　～　オ　に入る語句の正しい組合せを，下の①～⑥のうちから一つ選べ。
解答番号は　10　。

太　郎：小説を読んでいたら「肝腎 要の○○」という言い回しが出てきたんだ。文脈か
　　　　ら判断して「重要な」ということのようだったんだけど，語源は何なのだろう。

花　子：「要」は扇の板を留めているパーツのことだね。「肝腎」は肝臓と腎臓のことだ
　　　　よ。いずれもなくてはならない大切なものだよね。

太　郎：スーパーマーケットで売られているレバーって肝臓のことだよね。ヒトでは体
　　　　内のどこにあるのかな。

花　子：横隔膜の下のあたりにあるよ。

太　郎：小腸で吸収された栄養素を含む血液は　ウ　を通って肝臓に流れ込んでいた
　　　　ね。

花　子：肝臓は　エ　の合成をしていて，さらに，　オ　の分解をしていると習っ
　　　　たね。肝臓はやっぱり大事なものなんだ。いたわりながら暮らさないといけな
　　　　いね。

	ウ	エ	オ
①	肝動脈	アンモニア	アルコール
②	肝動脈	尿素	胆汁
③	肝動脈	アンモニア	胆汁
④	肝門脈	尿素	アルコール
⑤	肝門脈	尿素	胆汁
⑥	肝門脈	アンモニア	アルコール

問 3　次の図2は，チロキシンの分泌の流れについて示したものである。これと関連して，チロ
キシン分泌のフィードバックについて述べた正しい文を，下の①〜⑤のうちから一つ選べ。
解答番号は 11 。

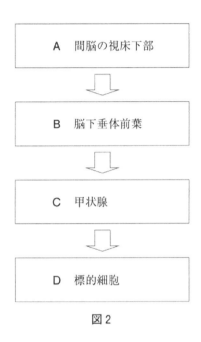

図 2

① Aから甲状腺刺激ホルモンが分泌され，Bが刺激される。

② Bから甲状腺刺激ホルモンが分泌され，Cが刺激される。

③ Aからチロキシンが分泌され，直接Dが刺激される。

④ Cからチロキシンが分泌され，AやBの働きを調節する。

⑤ Cからチロキシンが分泌され，直接Dが刺激される。

問4 次の文章は，心臓の働きについての太郎と花子の会話を記したものである。文章中の空欄 カ ～ ク に入る語句の正しい組合せを，下の①～⑥のうちから一つ選べ。
解答番号は 12 。

太　郎：テレビで「動悸がする」と聞いたけど，動悸って何なのかな。

花　子：安静にしていて，驚いたわけでもない時に，突然心臓がドキドキすることみたいね。動悸には様々な理由があるといわれているけど，内分泌腺から放出される カ のバランスが変わることも原因と考えられているわ。

太　郎：そうなんだ。走った後や，発表会の前もドキドキするね。心臓の拍動はいつも一定ではないよね。

花　子：そういえば，心臓の拍動を速くするのは キ だと習ったね。

太　郎： キ は， ク 時によく働くものだったね。

	カ	キ	ク
①	ホルモン	交感神経	活　動
②	ホルモン	交感神経	安　静
③	ホルモン	副交感神経	安　静
④	ランゲルハンス島	交感神経	活　動
⑤	ランゲルハンス島	副交感神経	活　動
⑥	ランゲルハンス島	副交感神経	安　静

問 5　次の文章は，免疫に関する実験について述べたものである。文章中の空欄　ケ　と　コ　に入る語句の正しい組合せを，次のページの①～④のうちから一つ選べ。解答番号は　13　。

系統の異なるマウスを用いて，以下の【実験1】と【実験2】を行った。

【実験1】

ある系統のマウス（X系統）の皮膚を同じX系統のマウスに移植したところ，移植片は定着した。しかし，別の系統のマウス（Y系統）に移植したところ，移植片は10日目に脱落した（図3）。

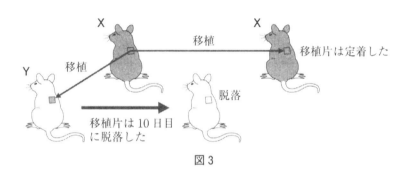

図3

【実験2】

X系統のマウスの皮膚を，一度X系統の皮膚を移植しているY系統の個体に再び移植した。すると，移植片は5日目に脱落した（図4）。

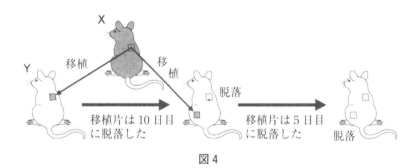

図4

【実験1】と【実験2】で，移植片を直接攻撃した細胞は　ケ　である。また，【実験1】より【実験2】の方が脱落するまでの日数が短かったのは　コ　が働いたためである。

	ケ	コ
①	T 細胞	記憶細胞
②	T 細胞	マクロファージ
③	B 細胞	記憶細胞
④	B 細胞	マクロファージ

4 植生の多様性と分布について，問1〜問4に答えよ。

問 1 次の文章は，森林の内部の構造について述べたものである。文章中の空欄 ア 〜
ウ に入る語句の正しい組合せを，下の①〜⑥のうちから一つ選べ。
解答番号は 14 。

> 図1は，森林の内部の構造を示している。この構造を ア という。森林の最も高
> いところに葉が連なっている図1中のAの部分を イ という。
> 図2は，森林内部の地上からの高さと光の強さの関係を表したグラフである。光は森
> 林内部のそれぞれの層に吸収または反射される。そのため，森林内部の地表層に近い部
> 分まで届く光の割合は，Aの部分の光の強さと比べて ウ 。

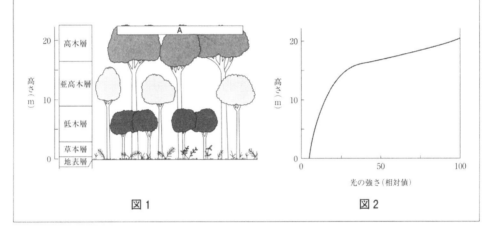

図1   図2

	ア	イ	ウ
①	階層構造	林 床	数％まで減少する
②	階層構造	林 床	同程度である
③	階層構造	林 冠	数％まで減少する
④	ギャップ	林 床	同程度である
⑤	ギャップ	林 冠	同程度である
⑥	ギャップ	林 冠	数％まで減少する

問2 次の文章は，世界のバイオームについて述べたものである。文章中の空欄 エ と オ に入る語句の正しい組合せを，下の①〜④のうちから一つ選べ。解答番号は 15 。

> バイオームとは エ の生物集団である。バイオームは植生に基づいて分類され，その分布は，年平均気温と年降水量で決まる。図3は，年平均気温と年降水量と陸上の主なバイオームの関係を表している。
>
> 年平均気温が6.8℃，年降水量が1063 mmである場合，バイオームは，図3より オ であることが推測できる。

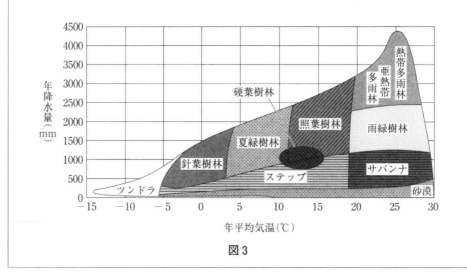

図3

		エ	オ
①		植生のみ	針葉樹林
②		植生のみ	夏緑樹林
③		植生と，そこに生息する動物や微生物などの全て	針葉樹林
④		植生と，そこに生息する動物や微生物などの全て	夏緑樹林

問 3　次の文章は，花子が日本のバイオームについて発表した時のものである。文章中の空欄
　　　 カ 　〜　 ケ 　に入る語句の正しい組合せを，下の①〜⑥のうちから一つ選べ。
解答番号は　 16 　。

今日は，日本のバイオームについて発表します。

バイオームの分布は年平均気温と年降水量で決まります。日本では，森林が成り立つ
のに十分な　 カ 　があるので，　 キ 　によってバイオームの分布が決まります。平
地では，緯度が上がるほど　 キ 　が低下することから，バイオームは緯度に従って変
化します。このように，緯度に対応したバイオームの分布を　 ク 　といいます。

ある地域の緯度が36°，経度が140°の場合，図4を見ると，バイオームは照葉樹林
であることが分かります。照葉樹林のバイオームでは，　 ケ 　などの照葉樹が優占し
ます。

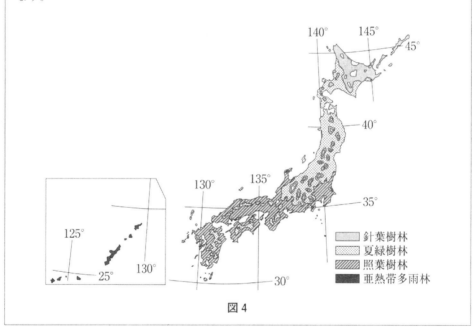

図 4

	カ	キ	ク	ケ
①	年降水量	年平均気温	垂直分布	スダジイ, タブノキ
②	年降水量	年平均気温	垂直分布	ブナ, ミズナラ
③	年降水量	年平均気温	水平分布	スダジイ, タブノキ
④	年平均気温	年降水量	水平分布	スダジイ, タブノキ
⑤	年平均気温	年降水量	水平分布	ブナ, ミズナラ
⑥	年平均気温	年降水量	垂直分布	ブナ, ミズナラ

問 4 次の文章は，里山についての太郎と花子の会話を記したものである。文章中の空欄 コ と サ に入る語句の正しい組合せを，下の①〜④のうちから一つ選べ。解答番号は 17 。

太　郎：最近，自分の家の近くで，里山の保全のボランティアを始めたんだ。雑木林の下草刈りや落ち葉集め，木の伐採の手伝いをしているよ。里山は多くの動物や鳥，カブトムシなどの昆虫がいるよ（図5）。

花　子：里山には，自然が多く残されているね。

太　郎：僕らの住んでいる地域のバイオームは照葉樹林だよ。里山の樹木は，コナラやクヌギなどが多いよ。極相の樹種とは違っているんだよ。

花　子：そういえば，コナラやクヌギは，明るい場所での生育に適した コ だと学習したわね。

太　郎：ボランティアのリーダーの方から聞いた話では，里山はある程度人間が手を加えることで，長い間変わらない景観を維持しているそうだよ。このことは人が手を加えることによって遷移を サ ようにしているってことだね。

図5

	コ	サ
①	陽　樹	それ以上進行させない
②	陽　樹	速く進行させる
③	陰　樹	それ以上進行させない
④	陰　樹	速く進行させる

5 　生態系とその保全について，問1〜問3に答えよ。

問 1 　次の図1と図2は，生態系における窒素の循環，炭素の循環，エネルギーの流れのいずれ
　　　かを模式的に示したものである。図1と図2が示すものの正しい組合せを，下の①〜⑥のう
　　　ちから一つ選べ。解答番号は 　18 　。

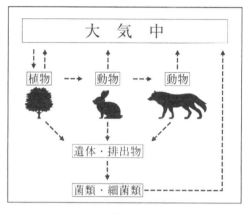

図1

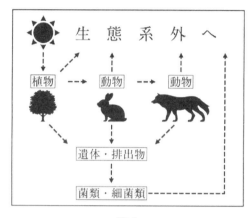

図2

	図1	図2
①	窒素の循環	エネルギーの流れ
②	窒素の循環	炭素の循環
③	エネルギーの流れ	窒素の循環
④	エネルギーの流れ	炭素の循環
⑤	炭素の循環	窒素の循環
⑥	炭素の循環	エネルギーの流れ

問2　次の文章は，絶滅危惧種についての太郎と花子の会話を記したものである。文章中の空欄 ア と イ に入る語句の正しい組合せを，下の①〜⑥のうちから一つ選べ。解答番号は 19 。

太　郎：今日は絶滅危惧種について学んだね。

花　子：そうだね。 ア などが絶滅危惧種として挙げられていたね。

太　郎：でも，生物が絶滅することは，何が問題なのかな。

花　子：地球上には多様な生物が共存し，生態系のバランスを支えているよね。だから多くの種が絶滅することは，生物の イ を低下させ，生態系のバランスを崩す要因にもなるからだよ。

太　郎：人間による環境破壊や生物の乱獲が，絶滅危惧種の増加の原因の1つになっているらしいね。

花　子：私たちも，普段からこれらについて問題意識を持たないといけないね。

	ア	イ
①	アライグマ	共通性
②	オランウータン	共通性
③	オオクチバス	共通性
④	アライグマ	多様性
⑤	オランウータン	多様性
⑥	オオクチバス	多様性

問 3　次の文章は，河川の水質調査について述べたものである。文章中の空欄　ウ　と　エ　に入る語句の正しい組合せを，次のページの①〜④のうちから一つ選べ。解答番号は　20　。

　　　川に生息する生き物の種類や数を調べ，河川の水質がどのくらいきれいなのかを示す水質階級で判定した。水質階級はⅠ〜Ⅳの4段階であり，Ⅰが最もきれいな水である。

【方　法】　2つの調査地点で水質の目安となる指標生物を採集し，表1にまとめた。

(1)　その地点で見つかった指標生物の種類は，それぞれの欄に○印をつけて記録した。

(2)　見つかった指標生物のうち，数が多かった上位から2種類には●印をつけた。ただし，3種類の指標生物がほとんど同じくらいの数だった場合には，3種類まで●印をつけた。

(3)　各水質階級で，次の式を用いて計算をして，得られた値が最も大きい水質階級を，その場所の水質階級と判定した。ただし，2つの水質階級が同じになった場合には，よりきれいな水質階級をその場所の水質階級とした。

（○の数）＋（●の数）× 2　…式

【結　果】　調査地点Aは水質階級　ウ　であり，調査地点Bは水質階級　エ　であることが分かった。

【課　題】　調査地点を増やし，人間活動と水質汚染の関係性を明らかにする。

表1

水質	指標生物	調査地点A	調査地点B	水質	指標生物	調査地点A	調査地点B
水質階級Ⅰ	カワゲラ類	○		水質階級Ⅲ	ミズカマキリ		
	ナガレトビケラ類	○			ミズムシ		○
	アミカ類	○			タニシ		○
	ヘビトンボ	●			シマイシビル		●
	ブユ類	○			ニホンドロソコエビ		
	サワガニ	●			イソコツブムシ類		
水質階級Ⅱ	コオニヤンマ			水質階級Ⅳ	ユスリカ類		●
	ゲンジボタル				チョウバエ類		
	ヤマトシジミ				アメリカザリガニ		
	カワニナ類	○			エラミミズ		
	イシマキガイ				サカマキガイ		●
	オオシマトビケラ	○					

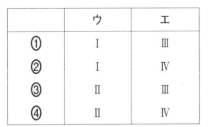

	ウ	エ
①	I	III
②	I	IV
③	II	III
④	II	IV

令和３年度　第２回

解答・解説

令和３年度　第２回　高卒認定試験

【　解　答　】

1	解答番号	正答	配点	2	解答番号	正答	配点	3	解答番号	正答	配点	4	解答番号	正答	配点	5	解答番号	正答	配点
問1	1	②	5	問1	5	②	5	問1	9	④	5	問1	14	③	5	問1	18	⑥	5
問2	2	④	5	問2	6	③	5	問2	10	④	5	問2	15	④	5	問2	19	⑤	5
問3	3	②	5	問3	7	②	5	問3	11	④	5	問3	16	③	5	問3	20	①	5
問4	4	⑥	5	問4	8	①	5	問4	12	①	5	問4	17	①	5	-	-	-	-
-	-	-	-	-	-	-	-	問5	13	①	5	-	-	-	-	-	-	-	-

【　解　説　】

1

問1　細胞の共通性に関する問題です。真核生物と原核生物は細胞の大きさや細胞内部構造が異なります。しかし，「細胞膜で包まれている・細胞膜の外側を細胞壁が取り囲む・遺伝子の本体であるDNAをもつ」という共通の特徴があります。よって，アは＋，ウは＋となります。ただ，呼吸によりエネルギーを取り出す葉緑体は，原核細胞にはなく真核細胞（植物細胞）のみにある特徴です。よって，イは－となります。したがって，正解は②となります。

解答番号【1】：2　　⇒ **重要度A**

問2　有機物から放出されたエネルギーは，生命活動に直接使われず，いったんATPという物質の合成に使われます。このATPをアデノシン三リン酸といいます。ATPはヌクレオチドと呼ばれる塩基・糖・リン酸という単位で構成されています。ATPの塩基はアデニンです。また，アデニンと糖が結合したものをアデノシンといいます。ATPは，英語ではadenosine triphosphateと表記されます。下線の文字をとってATPと呼んでいます。phosphateはリン酸という意味です。triは３つという意味なので，ATPのTは3を表しています。ADPは，英語ではadenosine diphosphateと表記されます。diは2つという意味なので，ADPのDは2を表しています。したがって，正解は④となります。

解答番号【2】：4　　⇒ **重要度C**

問3　（3）（4）（5）は対照実験といいます。結果を検証するために，比較対象を設定した実験です。ここでいう比較対象はペプシン（酵素）を加えた後の時間です。（3）は0秒，（4）は30秒，（5）は60秒です。タンパク質は，ペプシン（酵素）のはたらきで，ポリペプチドに分解されます。酵素による分解反応には，温度・pH・濃度が関係しています。人体ではたらく酵素の最適温度は体温付近です。実験手順を見ると，酵素を加えてからすぐに氷水で冷やしてしまう（3）の試験管Aは十分な反応が得られません。よって，タン

パク質が分解されずゼリー状に固まります（＋）。（5）は，十分に反応が進むので，試験
管Cはゼラチンが分解されます（－）。（4）は，（3）と（5）の間なので（＋）または（－）
と考えられます。したがって，正解は②となります。

解答番号【3】：2　　⇒ 重要度B

問4　細胞内共生説についての内容です。真核細胞内のミトコンドリアは，好気性細菌が単細
胞内に入り込み共生したことが起源となっています。好気性細菌とは，酸素が存在する中
で生育する原核生物です。酸素を用いて有機物を分解し，ATPを合成する能力をもちます。
シアノバクテリアは光合成を行う原核生物です。したがって，正解は⑥となります。

解答番号【4】：6　　⇒ 重要度A

2

問1　（a）の造血幹細胞より，すべての血球と免疫細胞がつくられます。これらは遺伝情報
に基づいてつくられるので，DNAをもちます。後半の太郎さんの会話文からもわかるよう
に，赤血球の核は酸素等を効率よく運搬するために成長途中で細胞外に放出（脱核）さ
れます。核がなくなるので，赤血球はDNAをもちません。白血球の核は細胞外に放出さ
れません。また，血小板のもととなる巨核球は巨大な核をもちます。赤血球以外は核をも
つためDNAをもちます。したがって，正解は②となります。

解答番号【5】：2　　⇒ 重要度B

問2　細胞周期は, M期(分裂期)→G_1期(DNA合成準備期)→S期(DNA合成期)→G_2期(分
裂準備期)に分けられます。この順番で考えると，S期にあたるのはfです。DNAの量は，
分裂期（M期）直後は半減し，その後のDNA合成期（S期）で倍になります。DNA合
成期前のG_1期は，分裂期のDNA量を1とすると，その半分の0.5となります。したがっ
て，正解は③となります。

解答番号【6】：3　　⇒ 重要度A

問3　転写とは，まずDNAの2本鎖の一部が，酵素によりほどけて塩基対どうしの結合が切
れて，そのほどけた領域でDNAの片方のヌクレオチドの塩基にmRNAのヌクレオチド
の塩基が結合し，1本鎖のRNAにDNAの塩基配列が写し取られることです。翻訳とは，
転写で写し取られたmRNAの塩基配列が，タンパク質を合成するアミノ酸配列に変換さ
れる過程をいいます。mRNAの塩基3つの並び方で1つのアミノ酸を指定します。そして，
これらアミノ酸がつながりタンパク質が合成されます。イとエは転写の説明です。したがっ
て，アとウが正しく，正解は②となります。

解答番号【7】：2　　⇒ 重要度A

問4　生物の体をつくる細胞は，1個の受精卵が分裂を繰り返した結果として生じたものです。
動物の体をつくるすべての細胞は同一のゲノムをもっています。そして，各器官で必要と
される遺伝子が発現し，特定の形やはたらきをもった細胞に変化しています（細胞分化）。
だ腺の細胞もすい臓の細胞にも，どちらもアミラーゼとインスリンの遺伝子が存在します。
そして，だ腺の細胞ではアミラーゼの遺伝子が発現し，すい臓の遺伝子ではインスリンの

遺伝子が発現しています。したがって，正解は①となります。

　　解答番号【8】：1　　⇒ 重要度C

3

問1　赤血球に含まれる赤い色の物質はヘモグロビンです。これは鉄を含んだタンパク質です。ヘモグロビンは酸素と結合し，組織への酸素の運搬を担っています。多くの酸素と結合した血液は鮮赤色をしていて，酸素との結合を外した血液は暗赤色をしています。血液 $1\,mm^2$ 中，赤血球は約500万個，白血球は約5000個です。つまり，赤血球に比べて白血球は1000分の1です。白血球は病原体に対する免疫反応に関係する細胞です。したがって，正解は④となります。

　　解答番号【9】：4　　⇒ 重要度A

問2　肝門脈（かんもんみゃく）と肝動脈（かんどうみゃく）という異なる2つの血管を通して肝臓に血液が流れ込んでいます。肝門脈は小腸の静脈からくる血管です。肝臓内で枝分かれし，毛細血管となります。肝門脈を流れる血液には，小腸で吸収されたグルコースやアミノ酸などのさまざまな物質が含まれています。肝臓では，タンパク質やアミノ酸の分解により生じた有害なアンモニアを毒性の少ない尿素に合成しています。また，アルコールなどの有害な物質を酵素によって分解し無毒化しています。これを解毒作用といいます。小腸の静脈が肝臓とつながっているため，消化・吸収された物質のなかから有害な物質を効率よく取り除くことができています。したがって，正解は④となります。

　　解答番号【10】：4　　⇒ 重要度B

問3　チロキシンは甲状腺より分泌されるヨウ素を含むホルモンです。全身の代謝を高めるはたらきをします。チロキシンの分泌は，脳下垂体から分泌されるホルモン（甲状腺刺激ホルモン）によって調節されています。血中のチロキシンの量が増え過ぎると，視床下部や脳下垂体がそれをとらえ，チロキシンの分泌を抑制するように甲状腺にはたらきかけます。このように，ホルモン自体が前の段階に戻って作用を及ぼすことをフィードバックといいます。つまり，フィードバックにより，チロキシンが視床下部や脳下垂体前葉のホルモンの分泌を抑制します。したがって，正解は④となります。

　　解答番号【11】：4　　⇒ 重要度C

問4　体内環境の調整は，自律神経による調節のほかにも，ホルモンという化学物質による調整が行われています。ホルモンは内分泌腺や内分泌細胞から血液中に放出されています。ランゲルハンス島はすい臓の組織中に散らばっている内分泌線の組織です。一般的に，交感神経は興奮状態にあるときや身体的・精神的に活動を活発にするときにはたらきます。したがって，正解は①となります。

　　解答番号【12】：1　　⇒ 重要度A

問5　免疫細胞がつくられるなかで自己の臓器や細胞を抗原と認識してしまう免疫細胞が一部生じてしまいます。これらは成熟の過程で選別のうえ排除されるため，免疫反応が生じないようになっています。これを免疫寛容といいます。他者の細胞に対しては免疫寛

容は生じないため，他者の細胞が体内に入り樹状細胞に取り込まれると，細胞性免疫であるキラーT細胞が活性化して，他者の細胞を攻撃します。その結果，この設問の実験のように皮膚の脱落が起こります。実験2で2度目の皮膚移植による脱落までの日数が早かったのは免疫記憶によるものです。初めて抗原が体内に入ったとき，リンパ球の活性化と増殖に時間がかかります（1次応答）。1次応答で活性化して増殖した免疫細胞は，一部のものが記憶細胞として体内に残っています。2度目に体内に入ると，マクロファージによる抗原提示などにより記憶細胞がすぐに活性化して増殖し，適応免疫がすばやくはたらくことができます。したがって，正解は①となります。

解答番号【13】：1 ⇒ 重要度C

4

問1　発達した森林に見られる，高木層・亜高木層・低木層・草本層・地表層という構造を階層構造といいます。アには階層構造が入ります。ギャップとは，森林において台風等により木が倒れるなどして森林が部分的に破壊されることをいいます。高木層の樹木が葉を広げている部分を林冠（りんかん）と呼びます。イには林冠が入ります。森林内の光環境は下層にいくほど暗くなります。図2より，光は高木層を通り抜けると約25％となり，その後，地表部まで到達する光は数％となることが読み取れます。したがって，正解は③となります。

解答番号【14】：3 ⇒ 重要度A

問2　バイオーム（生物群系）とは，植生を構成する植物とそこに生息する動物や微生物を含むすべての生物の集まりのことをいいます。図3より，縦軸が年降水量，横軸が年平均気温を表していますから，年降水量1063mm，年平均気温6.8℃のバイオームは，夏緑樹林ということがわかります。したがって，正解は④となります。

解答番号【15】：4 ⇒ 重要度A

問3　日本では，高山や海岸，湿地など一部を除き，森林が成り立つのに十分な年降水量があります。日本の極相のバイオームは森林です。そのため，日本のバイオームを決める主な気候要因は年平均気温です。平地では，緯度が上がるほど（北方にいくほど）気温が低下することから，緯度（南北方向）に対応したバイオームの分布を水平分布といいます。図4の緯度36°・経度140°は東京近辺であると読み取れます。この地域のバイオームは照葉樹林です。冬の寒さが厳しくないこの地域では，常緑の照葉樹であるスダジイやタブノキが優占しています。ブナやミズナラは夏緑樹林に植生する落葉広葉樹です。冬に落葉することにより，寒さに耐えることができます。したがって，正解は③となります。

解答番号【16】：3 ⇒ 重要度A

問4　以前は，里山の落葉や下草などをたい肥にして有機肥料を得たり，木を切り出して燃料となる炭の原料を得たりしていました。落葉広葉樹のコナラやクヌギは，伐採されてもその切り株から新しい芽が伸びて10～20年で成熟した木となる陽樹です。そのため，繰り返し持続的に利用することができます。里山は，遷移の途中段階の陽樹が優占している状態で，遷移をそれ以上進行させないようにしています。そのために，ササなどの下草や

陰樹的な常緑広葉樹のカシ類などの樹木を取り除く管理が必要となります。里山は人間が管理する森林ですが，生物の多様性を保つために重要な植生となっています。したがって，正解は①となります。

解答番号【17】：1　　⇒ 重要度 B

5

問 1　植物と動物からの上向き矢印は，図 1 は大気中へ，図 2 は生態系外へと向かっています。熱エネルギー循環において，有機物の化学エネルギーは最終的にすべて熱エネルギーとなり生態系外に出ていきます。生態系内を循環しません。つまり，太陽からの光エネルギーの供給が止まれば，植物は生存することができず，エネルギーの流れは止まってしまいます。よって，図 2 は熱エネルギーの流れを示した図です。図 1 は植物と動物より大気中に矢印が向いています。これは呼吸により排出している二酸化炭素です。図 1 より，生態系のなかで循環されていることが読み取れます。よって，図 1 は炭素循環を示した図です。したがって，正解は⑥となります。

解答番号【18】：6　　⇒ 重要度 C

問 2　アライグマとオオクチバスは，もともと日本の生態系におらず，人間により積極的にまたは偶然に持ち込まれ，日本の生態系の新たな構成主種となった外来種です。オランウータンは絶滅危惧種です。多くの種が絶滅することは，生物の多様性を低下させ，生態系のバランスを崩す要因となります。また，環境の急速な変化により，その変化に対応できない生物が絶滅して生物の多様性が減少します。生物の多様性は環境変化を反映するバロメーターでもあります。生物の絶滅は生物の進化の歴史のなかで絶えず起こってきたことですが，人間の影響がなかった時代の生物の絶滅に比べ，現在の絶滅の恐れは 100 ～ 1000 倍高いと推測されています。したがって，正解は⑤となります。

解答番号【19】：5　　⇒ 重要度 A

問 3　調査地点 A の○と●の数を計算します。水質階級 I は，○が 4 つで●が 2 つなので，4 × 1 ＋ 2 × 2 ＝ 8 です。水質階級 II は，○が 2 つなので 2 です。方法（3）にあるとおり，得られた値がより大きい水質階級をその場所の水質階級とするので，調査地点 A の水質階級は I です。次に調査地点 B の計算をします。水質階級 III は，○が 2 つで●が 1 つなので，2 × 1 ＋ 1 × 2 ＝ 4 です。水質階級 IV は，●が 2 つなので，2 × 2 ＝ 4 です。方法（3）に 2 つの水質階級が同じになった場合には，よりきれいな水質階級をその場所の水質階級とするとあります。よって，調査地点 B の水質階級は III です。したがって，正解は①となります。

解答番号【20】：1　　⇒ 重要度 B

令和3年度 第1回
高卒認定試験

生物基礎

解答時間　50分

生　物　基　礎

$$\left(解答番号\ \boxed{1}\ \sim\ \boxed{20}\right)$$

1 生物の特徴について，問1〜問4に答えよ。

問1　次の文章は，細胞の観察についての太郎と花子の会話を記したものである。文章中の空欄 $\boxed{\text{ア}}$ に入る語句を，下の①〜④のうちから一つ選べ。解答番号は $\boxed{1}$ 。

花　子：この前の授業で観察した納豆菌の顕微鏡写真（図1）が，ここにあるよ。

太　郎：どれが納豆菌なのかな。

花　子：ここに写っているたくさんの粒がみんな納豆菌だよ。この粒の一つ一つが，ヒトと同じように生物なんだよ。

太　郎：えっ，ヒトと同じようには見えないけど，共通点なんてあるのかな。

花　子：例えば，ヒトと納豆菌では $\boxed{\text{ア}}$ といった共通点があるよ。

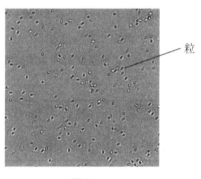

粒

図1

① 細胞の中に核膜で仕切られた核が見られる

② 細胞のまわりが細胞壁で囲まれている

③ 細胞内の葉緑体によって光合成を行う

④ 細胞内で代謝が行われる

問 2　次の文章は，ATP の特徴，及び，**大腸菌やイネ，ヒトの細胞における ATP** について述べたものである。正しい文章の組合せを，下の①～⑥のうちから一つ選べ。

解答番号は　2　。

【ATP の特徴】

a　ATP が分解されて，ADP とリン酸になる際に発生するエネルギーは，様々な生命活動に利用される。

b　様々な生命活動によって生じたエネルギーは，ATP を ADP とリン酸に分解する際に利用される。

【大腸菌やイネ，ヒトの細胞における ATP】

c　ATP は大腸菌やイネ，ヒト，全ての細胞に含まれている。

d　ATP はイネとヒトの細胞に含まれているが，大腸菌の細胞には含まれていない。

e　ATP はヒトの細胞には含まれているが，大腸菌とイネの細胞には含まれていない。

① a．c

② a．d

③ a．e

④ b．c

⑤ b．d

⑥ b．e

令和3年度第1回試験

問 3　次の文章は，酵素反応に関する実験メモ（図2）と，この実験結果についての太郎と花子の会話を記したものである。なお，レバー（肝臓）には，過酸化水素を分解する酵素が比較的多く含まれていることが知られている。文章中の空欄　イ　に入る語句を，次のページの①～⑤のうちから一つ選べ。解答番号は　3　。

実験メモ

＜実験1　方法と結果＞

　過酸化水素を含む水溶液（過酸化水素水）を試験管に入れた。この試験管にニワトリのレバー（以下　レバー）を入れたところ，大量の気体が発生した。また，発生した気体に火のついた線香を近づけたところ激しく燃焼した。

＜実験2　方法と結果＞

　実験1と同じ量の過酸化水素水を同じ大きさの別の試験管に入れ，この中にはレバーを入れずにおいたところ，ほとんど気体は発生しなかった。

＜実験3　方法と結果＞

　実験1，2と同じ大きさの別の試験管の中に，過酸化水素水の代わりに同量の水を入れ，レバーを入れたところ，気体は発生しなかった。

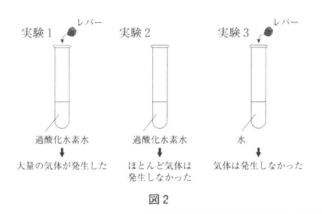

図2

花　子：実験メモを見ながら，結果について考察してみましょう。

太　郎：考察の前に，なぜ実験2や実験3を行う必要があったのか，分からないんだよ。

花　子：それは実験前に確認したじゃない。もう一度説明するわね。
　　　　実験1と比較することに意味があるのよ。例えば，実験1と実験2を比べると，レバーを入れた時と入れない時を比べることになるから，レバーに含まれている物質（酵素）が反応を起こすことを確認できるのよ。

太　郎：なるほど。じゃあ，実験3はなぜやったのかな。

花　子：実験1と実験3を比べて，　イ　を確かめるためよ。

① レバーに含まれていた物質(酵素)が，何度も化学反応を促進したこと

② レバーに含まれていた物質(酵素)が，水の分解を促進したこと

③ レバーに含まれていた物質(酵素)が，水ではなく過酸化水素の分解を促進したこと

④ レバーの中に含まれていた気体が泡となって生じたこと

⑤ レバーの中にも過酸化水素が含まれていたこと

問 4　次の文章は，呼吸について述べたものである。文章中の空欄　ウ　と　エ　に入る語句の正しい組合せを，下の①〜⑤のうちから一つ選べ。解答番号は　4　。

> 　ヒトなどの真核生物の呼吸により利用される酸素は，ミトコンドリアで利用される。ミトコンドリアは ATP を多量につくる場である。したがって，呼吸による ATP の生産は　ウ　で行われる。また，有機物の一種であるグルコースは　エ　で分解され，この反応は様々な酵素によって促進される。

	ウ	エ
①	細胞外	細胞外
②	細胞外	細胞内
③	細胞内	細胞外
④	細胞内	細胞内
⑤	細胞内と細胞外	細胞外

2 遺伝子とその働きについて，問1～問4に答えよ。

問1 DNAの構造の一部について示した正しい模式図を，次の①～④のうちから一つ選べ。
解答番号は 5 。

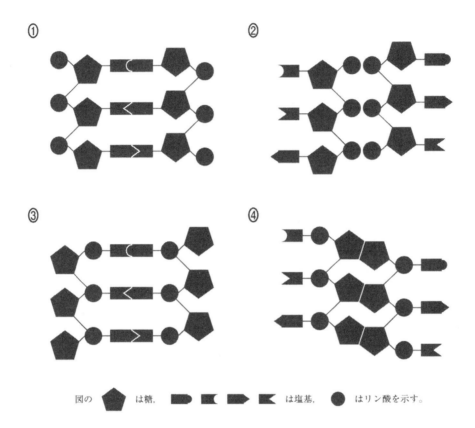

図の ⬠ は糖，▬ ◀ ➤ ◁ は塩基，● はリン酸を示す。

問 2　次の文章は，遺伝子と遺伝情報について述べたものである。文章中の空欄　ア　と

イ　に入る語句の正しい組合せを，下の①〜⑥のうちから一つ選べ。

解答番号は　6　。

　生物は，それぞれの個体の形成，維持，繁殖などの生命活動に必要な全ての遺伝情報を含んだDNAを持っている。そのようなDNAの1組を　ア　という。例えば，ヒトの　イ　には，1組の　ア　が含まれる。また，全国で見られるサクラの1つである'染井吉野'は，増やしたい個体から枝を取って台木に差す，接木*という方法で増やされており，1つの個体が次々と分けられたものである。そのため，全国にある'染井吉野(台木の部分は除く)'は，全て　ア　が同じである。

＊接木とは，植物体の一部を切り取って，別個体の植物体に接着させて1つの個体にすること。この時に下部になる植物体を台木という。

	ア	イ
①	ゲノム	生殖細胞(配偶子)
②	ゲノム	体細胞
③	チミン	生殖細胞(配偶子)
④	チミン	体細胞
⑤	アミノ酸	生殖細胞(配偶子)
⑥	アミノ酸	体細胞

問 3　次の図1は，体細胞分裂を繰り返している細胞集団について，細胞当たりの DNA 量と細胞数を調べた結果である。図1の**領域 A ～ C** には，細胞周期の G_1 期（DNA 合成準備期），S 期（DNA 合成期），G_2 期（分裂準備期），M 期（分裂期）のどの段階の細胞が含まれるか。正しい組合せを，下の①～④のうちから一つ選べ。解答番号は　7　。

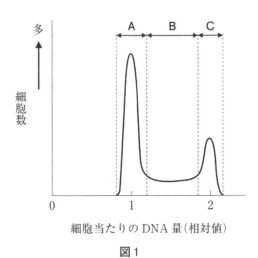

図1

	領域A	領域B	領域C
①	G_1 期	G_2 期と M 期	S 期
②	G_1 期	S 期	G_2 期と M 期
③	G_2 期と M 期	G_1 期	S 期
④	G_2 期と M 期	S 期	G_1 期

問 4 次の文章は，細胞の分化と遺伝情報に関する実験について述べたものである。実験結果から得られる正しい結論を，下の①～④のうちから一つ選べ。解答番号は ☐ 8 ☐。

> アフリカツメガエルの体色が白い系統から未受精卵を取り，紫外線を照射して核の働きを失わせた。さらに，体色が黒い系統のカエル（オタマジャクシ）の分化した体細胞から核を取り出し，未受精卵にその核を移植して発生させたところ，図2のような体色が黒い成体が得られた。この実験を何度か行い，体色が黒い多数の成体を得ることができた。なお，紫外線を照射した未受精卵は発生することがなかった。

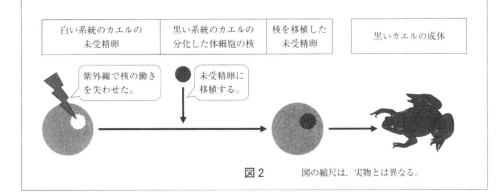

図2　　　　図の縮尺は，実物とは異なる。

① 未受精卵の核以外の部分には，個体をつくり出すのに必要な全ての遺伝子が含まれている。

② 分化した体細胞の核には，個体をつくり出すのに必要な遺伝子は含まれていない。

③ 分化した体細胞の核には，個体をつくり出すのに必要な全ての遺伝子が含まれている。

④ 分化した体細胞の核以外の部分には，個体をつくり出すのに必要な全ての遺伝子が含まれている。

3　生物の体内環境の維持について，問1～問5に答えよ。

問1　次の文章は，心臓及び血液について述べたものである。文章中の空欄　ア　～　ウ　に入る語句の正しい組合せを，下の①～⑥のうちから一つ選べ。解答番号は　9　。

　　ニワトリの心臓の構造と機能はヒトとほぼ同じである。図1はニワトリの心臓を点線の部分で輪切りにした断面を示したものであり，AとBはそれぞれ心室を示している。Aを囲う心臓の筋肉の厚さ（●）は，Bを囲う心臓の筋肉の厚さ（★）と比べて薄い。筋肉の厚さは，厚いほど血液が押し出される力は強くなる。つまり，Aを通る血液が押し出される力はBと比べて弱い。このことから，Aは　ア　に血液を送る　イ　心室である。また，血液中に含まれる全ヘモグロビン中の，酸素と結合しているヘモグロビン（酸素ヘモグロビン）の割合をAとBで比較すると，　ウ　を通る血液の方が大きい。

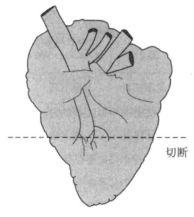

切断

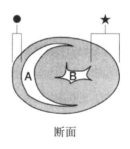

断面

図1

	ア	イ	ウ
①	全　身	右	A
②	全　身	左	A
③	全　身	左	B
④	肺	右	A
⑤	肺	右	B
⑥	肺	左	B

問 2　次の文章は，腎臓の構造とその働きについて述べたものである。文章中の空欄 　エ 　 ～
　 カ 　 に入る語句の正しい組合せを，下の①～⑥のうちから一つ選べ。
解答番号は 　10 　 。

　図 2 は，ブタの腎臓に腎動脈から墨汁を入れ，その後，切って内部（縦断面）を見た際
の模式図である。図 3 は，図 2 の枠内を拡大したもので，墨汁を入れていない腎臓では
観察できない黒い点が，Cの部分に多く見られた。

　墨汁には墨の小さな粒が含まれている。この墨の粒は 　エ 　 と同様， 　オ 　 から
ボーマンのうへ，ろ過されることがない。 　オ 　 は 　カ 　 が複雑にからまった構造
であり，ここに墨の粒が蓄積することになるのでCの部分に存在する多数の黒い点は，
一つ一つが 　オ 　 であることが分かる。

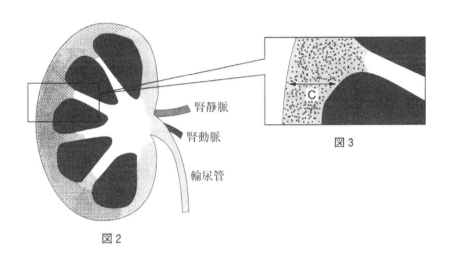

腎静脈

腎動脈

輸尿管

図 2

図 3

	エ	オ	カ
①	糖や尿素	腎　う	毛細血管
②	糖や尿素	腎　う	細尿管
③	糖や尿素	糸球体	毛細血管
④	血球やタンパク質	腎　う	毛細血管
⑤	血球やタンパク質	糸球体	細尿管
⑥	血球やタンパク質	糸球体	毛細血管

問 3 次の文章は，運動と脈拍数の変化について述べたものである。文章中の空欄 キ ～ ケ に入る語句の正しい組合せを，下の①～④のうちから一つ選べ。

解答番号は 11 。

　　運動前後の脈拍数の変化を調べるために，運動前（安静時），運動直後，運動後１分経過ごとに，それぞれ30秒間の脈拍数を数えた。結果は**表1**のようになった。運動前に比べて，「運動直後～30秒後」の脈拍数が多くなったのは，運動中に キ 神経の働きにより心臓の拍動が促進されたからである。また，これに比べて「1分～1分30秒後」の脈拍数が少なくなっているのは ク 神経の働きにより心臓の拍動が抑制されたからである。さらに**表1**の「2分～2分30秒後」以後の脈拍数は，運動前に戻っている。このような体内環境の維持に， キ 神経や ク 神経といった ケ が働いている。

表1

	脈拍数(回)
安静時（運動前30秒間）	31
運動直後～30秒後	60
1分～1分30秒後	42
2分～2分30秒後	35
3分～3分30秒後	34
4分～4分30秒後	33
5分～5分30秒後	30

	キ	ク	ケ
①	交　感	副交感	中枢神経(脳・脊髄)
②	交　感	副交感	自律神経
③	副交感	交　感	中枢神経(脳・脊髄)
④	副交感	交　感	自律神経

問 4 次の文章は，糖尿病についての先生と太郎と花子の会話を記したものである。文章中の空欄 コ と サ に入る語句の正しい組合せを，下の①〜④のうちから一つ選べ。解答番号は 12 。

太　郎：僕のおじいさんは糖尿病で，毎回食事の度にインスリンを注射しています。

花　子：私のおばあさんも糖尿病だけど，インスリンを注射していないよ。ただ，食事制限をしているから，食事は少なめだよ。

先　生：太郎さんのおじいさんと，花子さんのおばあさんは，糖尿病の原因が違うのかもしれないですね。

太　郎：どういうことですか。

先　生：インスリンを注射して治療効果が見られる時の多くが，すい臓のランゲルハンス島B細胞から分泌されるインスリンの量が コ 場合です。一方で，インスリン注射のみでは治療が難しい場合もあります。このような糖尿病の多くは，標的細胞がインスリンを サ なることが原因になって起こります。

花　子：同じような症状でも，原因や治療の仕方が違うことがあるのですね。

	コ	サ
①	過剰な	受け取れなく
②	過剰な	受け取れるように
③	少ない	受け取れなく
④	少ない	受け取れるように

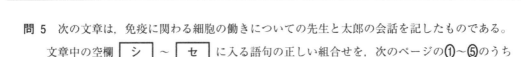

問 5 次の文章は，免疫に関わる細胞の働きについての先生と太郎の会話を記したものである。
　　文章中の空欄 シ ～ セ に入る語句の正しい組合せを，次のページの①～⑤のうち
　　から一つ選べ。解答番号は 13 。

先　生：今日は自分の体の白血球を観察してもらいます。

太　郎：どうやって観察するのですか。

先　生：奥歯と歯肉(歯茎)の間の溝を綿棒でぬぐい，スライドガラスにつけて染色しま
　　　　す。その後，カバーガラスをかけて顕微鏡で観察し，スケッチして下さい。

～　実験・観察　～

太　郎：スケッチができました(図4)。大きな細胞が見えましたが，これは口腔上皮細
　　　　胞ですよね。この口腔上皮細胞の周囲にとても小さい粒がありました。それか
　　　　ら，核の形がいびつな細胞(X)もありました。

先　生：小さい粒は口腔内に見られる細菌ですね。種類によっては，歯肉や歯の病気の
　　　　原因になります。それから，核の形がいびつな細胞(X)は好中球です。この細
　　　　胞は，病原体を シ します。他に，このような働きをする細胞には ス
　　　　や樹状細胞があります。また，この働きのことを セ 免疫と言いました
　　　　ね。

太　郎：もしかして，好中球は歯と歯肉の間で細菌と戦っているのかな。

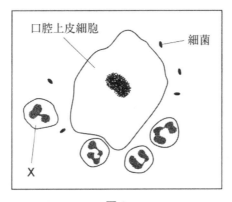

図4

	シ	ス	セ
①	抗体で攻撃	リンパ球	自　然
②	抗体で攻撃	マクロファージ	適応(獲得)
③	取り込んで分解	リンパ球	自　然
④	取り込んで分解	マクロファージ	自　然
⑤	取り込んで分解	マクロファージ	適応(獲得)

4 植生の多様性と分布について，問1〜問4に答えよ。

問1 次の文章は，生物とそれを取り巻く環境について述べたものである。文章中の空欄
ア 〜 ウ に入る語句の正しい組合せを，下の①〜⑥のうちから一つ選べ。
解答番号は 14 。

> 　環境は大きく2つに分けることができる。1つは非生物的環境，もう1つは生物的環
> 境である。非生物的環境が生物に様々な影響を及ぼすことを ア ，生物が非生物的
> 環境に影響を及ぼすことを イ という。 イ の例には「 ウ こと」が
> あげられる。

	ア	イ	ウ
①	環境形成作用	作　用	樹木の光合成は光や温度の影響を受ける
②	環境形成作用	作　用	植物の花粉や種子を動物が運ぶ
③	環境形成作用	作　用	樹木が生育すると森林内の1日の気温の変化が小さくなる
④	作　用	環境形成作用	樹木の光合成は光や温度の影響を受ける
⑤	作　用	環境形成作用	植物の花粉や種子を動物が運ぶ
⑥	作　用	環境形成作用	樹木が生育すると森林内の1日の気温の変化が小さくなる

令和3年度第1回試験

問 2　次の文章は，森林の階層構造と土壌についての太郎と花子の会話を記したものである。文章中の空欄　エ　～　カ　に入る語句の正しい組合せを，下の①～⑥のうちから一つ選べ。解答番号は　15　。

太　郎：夏休みに生物部で森林を観察したよ。

花　子：そうなんだ。写真を見せて。

太　郎：これは林冠の写真(図1)，こっちは林床の写真(図2)だよ。

図1　　　　　　　　　　図2

花　子：森林の様子はどうだったの。

太　郎：森林は，林冠と林床で明るさが全然違ったよ。森林の中で，光の良く届く林冠を見上げるとスダジイなどの高い木があったし，下を見ると低い木もあったよ。さらに足元を見ると，届く光が少ない林床では，種子をつくらない　エ　などの植物が多く育っていたよ。

花　子：この森林は階層構造の発達が見られたのね。これらの植物が育つ土壌の様子も気になるわ。

太　郎：僕も授業で森林の土壌の話を聞いたから，地面を調べてみたよ。そうしたら，まず　オ　があって，さらにその下を調べたら黒っぽい土が見えたよ。

花　子：黒っぽい土は　カ　層ね。

太　郎：これより下は調べなかったけれど，どんな層が広がっているんだろうね。

	エ	オ	カ
①	コケ植物・シダ植物	落葉や枯れ枝	腐植土
②	コケ植物・シダ植物	母　岩	腐植土
③	コケ植物・シダ植物	落葉や枯れ枝	岩石が風化した
④	イタドリ・ススキ	落葉や枯れ枝	岩石が風化した
⑤	イタドリ・ススキ	母　岩	腐植土
⑥	イタドリ・ススキ	母　岩	岩石が風化した

問3 次の文章は，ビオトープの植生についての太郎と花子の会話を記したものである。文章中の空欄 キ ～ ケ に入る語句の正しい組合せを，下の①～④のうちから一つ選べ。解答番号は 16 。

> 太　郎：ビオトープの池の写真（図3，図4）を撮ったよ。
>
> 花　子：池には水草や色々な植物が生育しているわね。この池，このまま何もしなかったら未来はどうなるかな。
>
> 太　郎：ずっと先の未来のことなんて分からないよ。
>
> 花　子：そうよね，でもこの池は，既に底には落葉や枯れ枝などが溜まっているから，いずれは池が埋まってしまうかもしれないわね。
>
> 太　郎：そうか。そうすると，植生が時間とともに次第に変化していく現象である キ が起こる。つまり，この池が埋まってしまった後は裸地から始まる キ のように， ク から ケ に変化するんだね。
>
> 花　子：そうよね。

図3

図4

	キ	ク	ケ
①	遷移	森林	草原
②	遷移	草原	森林
③	循環	森林	草原
④	循環	草原	森林

問 4　次の文章は，日本のバイオームについて述べたものである。文章中の空欄 コ ～ シ に入る語句の正しい組合せを，下の①～④のうちから一つ選べ。

解答番号は 17 。

　　日本は森林が成り立つのに十分な降水量があるため， コ によってバイオームの分布が決まる。山岳地域では，山頂に向かうにつれ コ が低下し，それに応じてバイオームも垂直的に変化する。図5は，日本のバイオームの分布を表している。図5中のAは，トドマツやエゾマツが優占する サ である。Bは，熱帯多雨林より緯度が高い地域に発達するバイオームで， シ が見られる。

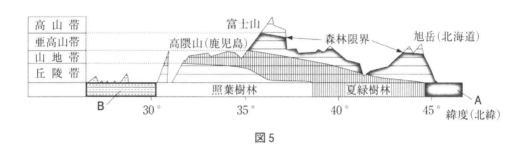

図5

	コ	サ	シ
①	日照時間	雨緑樹林	ハイマツなどの低木林や草原（お花畑）
②	日照時間	針葉樹林	ヘゴやガジュマル，アコウ
③	年平均気温	雨緑樹林	ハイマツなどの低木林や草原（お花畑）
④	年平均気温	針葉樹林	ヘゴやガジュマル，アコウ

5 生態系とその保全について，問1～問3に答えよ。

令和３年度第１回試験

問1 次の文章は，食う食われるの関係についての太郎と花子の会話を記したものである。文章中の空欄 ア と イ に入る語句の正しい組合せを，次のページの①～⑥のうちから一つ選べ。解答番号は 18 。

> 太　郎：この前キャンプでイワナ(**図1**)を捕まえて食べようとしたんだけど，イワナが何を食べているのか気になって，胃袋を開いてみたんだ。
>
> 花　子：何が入っていたのかな。
>
> 太　郎：ガガンボの仲間や，やご(トンボの幼生)，サワガニ(**図1**)が出てきたんだよ。と言うことは，イワナは ア ということだね。
>
> 花　子：ガガンボは花の蜜が主食で，やごは小型の水生昆虫などを食べているし，サワガニは雑食よ。食う食われるの関係って，1種類の生物が2種類以上の生物を食べたり，2種類以上の生物に食べられたりするために，複雑になっているのよ。
>
> 太　郎：このような食う食われるの複雑な関係全体を イ と言うんだね。

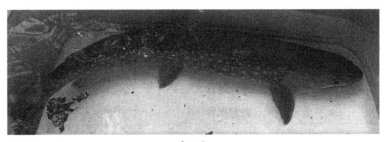

イワナ

ガガンボ

やご

サワガニ

図1

	ア	イ
①	生産者	生態ピラミッド
②	生産者	食物網
③	生産者	かく乱
④	消費者	生態ピラミッド
⑤	消費者	食物網
⑥	消費者	かく乱

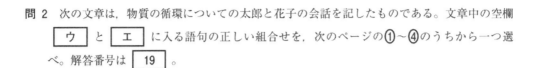

問 2　次の文章は，物質の循環についての太郎と花子の会話を記したものである。文章中の空欄 ウ と エ に入る語句の正しい組合せを，次のページの①～④のうちから一つ選べ。解答番号は 19 。

太　郎：今度，熱帯魚を飼うことにしたんだけど，そういえば，この前習った窒素循環は，熱帯魚を飼育する水槽の生態系に当てはめられるのかな。

花　子：図（図2）に書いてみるわね。魚が餌を食べると，餌に含まれていた有機窒素化合物がアンモニウムイオン（アンモニウム塩）として魚から排泄されるの。このアンモニウムイオンが，主に水槽の底砂やろ過フィルター内の微生物（硝化細菌）によって硝酸イオン（硝酸塩）になるわ。そして硝酸イオンやアンモニウムイオンを水草が吸収して成長するの。もし，餌を与えすぎると，魚が食べ残した餌に含まれている有機物を水槽内の別の微生物が分解することによって，アンモニウムイオンが ウ ，水質が悪くなるのよ。

太　郎：それは，まるで赤潮やアオコの発生が見られる富栄養化した状態と似ているね。

花　子：そうだね。

太　郎：ところで，授業では，炭素や窒素などは生態系内を循環すると習ったけど，この図の矢印だと循環していないよね。

花　子：魚は餌以外にも水草も食べているから，これを考えると循環しているのよ。それに，水槽のような小さな生態系でもシアノバクテリアや窒素固定細菌による窒素分子（N_2）の取り込みと， エ による窒素分子（N_2）を放出する働きも少しはあるだろうから，その矢印も書き加えられそうね。

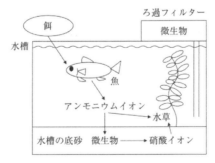

図2　図の→は物質の流れを表している。

	ウ	エ
①	減って	水　草
②	減って	脱窒をする細菌
③	増えて	水　草
④	増えて	脱窒をする細菌

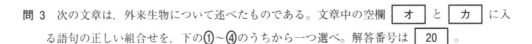

問3　次の文章は，外来生物について述べたものである。文章中の空欄 　オ 　と 　カ 　に入る語句の正しい組合せを，下の①～④のうちから一つ選べ。解答番号は 　20 　。

　　カダヤシ(図3)は，北アメリカ原産の外来種であり，ぼうふら(カの幼虫)の駆除を目的に，福島県以南の本州や四国，九州，沖縄，小笠原に移入された。一度交尾したメスは体内に精子を蓄えることができ，卵ではなく子を産むため，繁殖力が高い。形態がメダカに似ているため，メダカと間違えて捕まえてしまうこともある。しかし，法律によって 　オ 　に指定され，飼育や保管，運搬，輸入などが禁止されるようになった。 　オ 　は生態系や人体・農林水産業などに大きな影響を及ぼすか，あるいは及ぼす可能性のある生物で，他には 　カ 　などがあげられる。

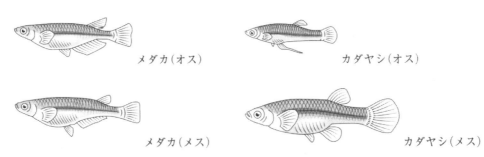

メダカ(オス)　　　　　　　　　カダヤシ(オス)

メダカ(メス)　　　　　　　　　カダヤシ(メス)

図3

	オ	カ
①	特定外来生物	オオクチバス・アライグマ
②	特定外来生物	オオサンショウウオ・ツキノワグマ
③	絶滅危惧種	オオクチバス・アライグマ
④	絶滅危惧種	オオサンショウウオ・ツキノワグマ

令和３年度　第１回

解答・解説

令和３年度　第１回　高卒認定試験

【 解 答 】

1	解答番号	正答	配点	2	解答番号	正答	配点	3	解答番号	正答	配点	4	解答番号	正答	配点	5	解答番号	正答	配点
問1	1	④	5	問1	5	①	5	問1	9	⑤	5	問1	14	⑥	5	問1	18	⑤	5
問2	2	①	5	問2	6	①	5	問2	10	⑥	5	問2	15	①	5	問2	19	④	5
問3	3	③	5	問3	7	②	5	問3	11	②	5	問3	16	②	5	問3	20	①	5
問4	4	④	5	問4	8	③	5	問4	12	③	5	問4	17	④	5	-	-		
-	-			-	-			問5	13	④	5	-	-						

【 解 説 】

1

問1　代謝とは生体内における化学反応のことです。核は真核生物にしか見られないので①は誤りです。②は原核細胞と植物細胞に，③は植物細胞のみに見られる細胞の特徴です。真核生物であるヒトの細胞と原核生物である納豆菌の細胞の共通点に，エネルギーを利用して生命活動を行う代謝があります。したがって，正解は④となります。

解答番号【1】：4　　⇒ 重要度A

問2　ATPは，生体内のエネルギーの受け渡しをする物質です。エネルギーはATP内のリン酸間の結合に蓄えられ，この結合が切り離されるときにエネルギーを放出し，それを生命活動に利用しています。また，このATPは原核生物と真核生物のすべての生物がもつ共通の特徴です。したがって，正解は①となります。

解答番号【2】：1　　⇒ 重要度A

問3　この問は，肝臓内の酵素（カタラーゼ）が過酸化水素を分解することを確認するための実験に関するものです。過酸化水素（H_2O_2）は，酸素が酸化されることによって生じる活性酸素のひとつです。体内では細胞内のミトコンドリアが呼吸をするときなどに生じます。活性酸素は，反応性が高く不安定な物質なので，生体内の分子に損傷を与えます。肝臓の酵素（カタラーゼ）により，水と酸素に分解（$2H_2O_2 \rightarrow 2H_2O+O_2$）されます。実験1と2は，レバーが化学反応の促進に関わっていることを確かめています。実験1と3は，レバーが水ではなく過酸化水素の分解を促進していることを確かめています。したがって，正解は③となります。

解答番号【3】：3　　⇒ 重要度B

問4　ミトコンドリアは真核生物の細胞内に存在する細胞小器官のひとつです。ここでは，グルコースを酸素を用いて水を二酸化炭素に分解しています。このときに生じるエネルギーでATPを合成し，化学エネルギーとして蓄えます。これらはすべて細胞内にあるミトコンドリア内で行われます。したがって，正解は④となります。

解答番号【4】：4　⇒ **重要度A**

2

問1　DNAは塩基・糖・リン酸の順番でつながっているヌクレオチドで構成されています。DNAの鎖の骨格部分は，糖とリン酸が交互に連続してできています。4種類の塩基をもち，特定の塩基どうしが対をつくり，2つのDNA鎖がつながって2重らせん構造を形成しています。②はリン酸どうしで結合しています。③はDNAが糖・リン酸・塩基の順番となっています。④は糖どうしが結合しています。したがって，正解は①となります。

解答番号【5】：1　⇒ **重要度A**

問2　生殖細胞（配偶子）とはヒトの卵子や精子のことです。体細胞とは生物の体を構成する生殖細胞以外の細胞のことです。卵子と精子の生殖細胞にはそれぞれ1組のゲノムが存在します。よって，受精卵は父親由来と母親由来の2組のゲノムをもっていることになります。そして，受精卵が分裂を繰り返して生じた体細胞には2組のゲノムが存在します。すべての染井吉野（サクラ）は，受粉ではなくて接木により増やしています。接ぎ木とは，はじめから根がある台木に染井吉野の枝をつなぐことです。つまり，現存する染井吉野はすべて同じゲノムをもつクローンです。したがって，正解は①となります。

解答番号【6】：1　⇒ **重要度C**

問3　図1は，縦軸が細胞数を，横軸が細胞当たりのDNA量を表しています。細胞数の多い少ないは，各期間の長さに関係します。領域A〜Cが細胞周期のどの段階に含まれるかは，DNA量を見て考えます。領域AはDNA量が1なので分裂直後のG_1期です。領域BはDNA量が1〜2なのでDNAの複製が行われているS期です。領域CはDNA量が2なのでDNA複製後のG_2期とM期です。したがって，正解は②となります。

解答番号【7】：2　⇒ **重要度B**

問4　分化とは，受精卵が特定の形とはたらきをもった細胞に変化することをいいます。白い系統のカエルの核のはたらきを失わせた未受精卵に黒い系統のカエルの分化した体細胞の核を移植したところ，黒いカエルとなったということから，核には受精卵の核と同様に個体をつくり出すのに必要なすべての遺伝子が含まれていることがわかります。したがって，正解は③となります。

解答番号【8】：3　⇒ **重要度A**

3

問1　血液は静脈（組織→心臓）よりも動脈（心臓→組織）のほうが高い圧力で押し出されています。それに耐えられるように動脈は管壁が肉厚になっています。心臓の筋組織も同様に，肺動脈につながる右心室に比べて大動脈につながっている左心室のほうが分厚い筋肉

をもっています。よって，筋組織の薄いAは肺に血液を送る右心室です。酸素ヘモグロ
ビン（酸素とヘモグロビンが結合したもの）の割合は，全身に血液を送り出すBの左心
室を通る血液のほうが大きいです。したがって，正解は⑤となります。

解答番号【9】：5　　⇒ 重要度B

問2　墨汁を腎動脈から注入し，腎臓のろ過の様子を確認する実験です。墨は粒が大きいの
で，血球やタンパク質と同様に糸球体でボーマンのうへ，ろ過されません。よって，糸
球体に残り図3のような黒い点で観察されます。糸球体は毛細血管が絡まりあった球状
をしています。腎うとはネフロンで生成された尿の排水溝にあたる部分です。したがって，
正解は⑥となります。

解答番号【10】：6　　⇒ 重要度A

問3　運動前後の脈拍数を調べて交感神経と副交感神経のはたらきを観察する実験です。交
感神経は興奮状態にあるときや精神的あるいは身体的に活動を活発にしなければならな
いときにはたらきます。副交感神経は休息のときにはたらきます。片方が活発なときは，
もう片方が抑えられ，拮抗的な作用により調整されています。運動直後の脈拍数が多く
なったのは，交換神経のはたらきによるものです。その後，脈拍数が少なくなっている
のは，副交感神経がはたらき，早まった心拍を抑制しているためです。このように体内
環境を維持するためにはたらく神経を自律神経といいます。したがって，正解は②とな
ります。

解答番号【11】：2　　⇒ 重要度A

問4　糖尿病にはⅠ型とⅡ型があります。Ⅰ型は，すい臓のランゲルハンス島のB細胞が破
壊され血糖値の上昇を抑えるインスリンの分泌が不十分となります。Ⅱ型は，インスリ
ンは分泌されるが，肝臓がそれに反応してグルコースをグリコーゲンに合成できないた
め血糖値が上がってしまいます。Ⅱ型は生活習慣病に由来するケースが多く，標的細胞
がインスリンに反応できず，血糖値を容易に下げることができずに体に負担がかかりま
す。先生の2度目の発言の前半部分はⅠ型糖尿病，後半部分はⅡ型糖尿病の説明だとい
うことがわかります。ここでの標的細胞とは血糖値の調整をする肝細胞のことです。し
たがって，正解は③となります。

解答番号【12】：3　　⇒ 重要度B

問5　体内に抗原が入ると，まず自然免疫がはたらき，次に適応（獲得）免疫がはたらきます。
自然免疫では食作用により抗原を取り除きます。食作用ですので，シには好中球が病原
体を「取り込んで分解」が入ります。同じように食作用を行うのはマクロファージや樹
状細胞ですので，スには「マクロファージ」が入ります。これらのはたらきを自然免疫
ということから，セには「自然」が入ります。自然免疫により排除できない抗原に対し
て適応（獲得）免疫が働きます。したがって，正解は④となります。

解答番号【13】：4　　⇒ 重要度A

4

問1　作用とは，たとえば気温上昇により植物の生長に影響が出るというように，非生物的

環境が生物に影響を与えることです。環境形成作用とは，たとえば樹木が葉を茂らせると日陰ができ地表付近の温度が下がるというように，生物が非生物的環境に影響を及ぼすことです。非生物環境とは，光・空気・水・土壌・温度・土壌中の有機物などのことです。したがって，正解は⑥となります。

解答番号【14】：6　　⇒ 重要度A

問2　届く光の少ない林床ではコケ植物やシダ植物が多く育ちます。これらコケ・シダ類は胞子で子孫を残します。胞子は単細胞で，外部にばらまかれた後に受粉します。種子は多細胞で，受粉後に外部にばらまかれます。イタドリやススキは遷移の初期に現れる先駆植物です。土壌の地表に近い部分は，落葉や落枝の層があり，その下には落葉や落枝が分解されてできた有機物（腐植質）と風化した岩石が混じった層つまり腐植土層が見られます。腐植土層は黒っぽい土です。さらに，その下には風化した岩石の層が，またその下には風化前の母岩の層があります。したがって，正解は①となります。

解答番号【15】：1　　⇒ 重要度C

問3　ビオトープとは，自然の生態系を観察するためにつくられるものです。小学校では学校ビオトープをつくり，授業に活用しています。ある場所の植生が時間とともに変化していく現象を遷移といいます。湖沼に枯葉や土砂や生物の遺体が堆積することにより湖沼が浅くなり，年月をかけて陸地に代わり裸地から始まる遷移のように，地面が現れると草原になり，森林が形成されていきます。このことを湿性遷移と呼びます。したがって，正解は②となります。

解答番号【16】：2　　⇒ 重要度A

問4　バイオームは年平均気温と年降水量によって決まります。日本は十分な降水量があるので，年平均気温によってバイオームの分布が決まります。気温は標高が100 m増すごとに0.5～0.6℃低下します。山岳地域では山頂に向かうにつれて年平均気温が低下します。図5中のAは，北海道より緯度が高いことがわかります。またA地点の手前が夏緑樹林なので，Aは針葉樹林だとわかります。針葉樹林では，葉の寿命が長く耐寒性が高いトドマツやエゾマツが分布しています。図5中のBの熱帯多雨林では高温・湿潤な気候に適応するヘゴやガジュマル，アコウが分布しています。したがって，正解は④となります。

解答番号【17】：4　　⇒ 重要度A

5

問1　太陽の光エネルギーを使って無機物である二酸化炭素から有機物をつくりだすものを生産者といいます。生産者のつくった有機物を直接的または間接的に栄養分として利用するものを消費者といいます。会話から，イワナがほかの生物をエサとしていることがわかるのでイワナは消費者です。捕食を通じてつくられる生物のつながりを食物連鎖といいます。生物がほかの生物を捕食して分解し，さらに被食されるという食物連鎖は各々が複雑に絡み合い食物網を形成しています。選択肢の「生態ピラミッド」とは，生産者を第一段として食物連鎖の各段階に属する生物の個体数や生体質量などを表し，栄養段階を積み上げて関係を示したものです。「かく乱」とは，ある生態系の量や物理環境を変えるような作用をいいます。森林生態系の場合，台風・山火事・噴火・雪崩などです。したがって，正解

は⑤となります。

解答番号【18】: 5　⇒ 重要度A

問2　窒素循環に関する問題です。有機窒素化合物を食べることより魚から毒性の高いアンモニアが排出されます。アンモニアは水に溶けやすいため，水中でアンモニウムイオンとなります。硝化細菌によりアンモニウムイオンは，毒性の低い亜硝酸や硝酸に変えられます。水中のアンモニウムイオン濃度が増えるとアンモニアが溶け切れなくなり，水質が悪くなります。この硝酸塩を窒素ガスに変えて生態系から大気中に放出するはたらきをするものを脱窒素細菌といいます。したがって，正解は④となります。

解答番号【19】: 4　⇒ 重要度B

問3　本来その生態系にいなかった生物が，人間により持ち込まれ，その生態系の構成種となった生物を外来種といいます。そのなかで環境省により規制や防除の対象としたものを特定外来種と呼びます。オオサンショウウオは日本固有種，ツキノワグマは日本固有亜種です。固有種とはある特定の地域にだけ生息する種のことをいいます。オオクチバスやアライグマは特定外来生物です。絶滅危惧種とは，個体数が著しく減少しており，絶滅の恐れがある種のことです。オオサンショウウオやツキノワグマなどがその例です。したがって，正解は①となります。

解答番号【20】: 1　⇒ 重要度A

令和2年度 第2回
高卒認定試験

生物基礎

解答時間　50分

生　物　基　礎

$$\left(\text{解答番号}\quad\boxed{1}\ \sim\ \boxed{20}\right)$$

$\boxed{1}$　生物の特徴について，問1〜問4に答えよ。

問1　生物に見られる共通した特徴について述べた正しい文の組合せを，下の①〜⑤のうちから
　　　一つ選べ。解答番号は　$\boxed{1}$　。

　　a　生物の体をつくる基本単位は細胞である。

　　b　生物は，自己の遺伝情報を次世代に受け渡す。

　　c　生物は，代謝によってつくられた光エネルギーを生命活動に利用している。

　　d　現存する生物には多種多様な種が存在するが，共通の祖先を持つ。

　　①　a，b，c

　　②　a，b，d

　　③　a，c，d

　　④　b，c，d

　　⑤　a，b，c，d

問2 次の文章は，細胞を構成する主な物質について述べたものである。文章中の空欄 ア と イ に入る語句の正しい組合せを，下の①〜⑥のうちから一つ選べ。解答番号は 2 。

図1は，真核細胞(哺乳類)と原核細胞(大腸菌)の細胞を構成する物質の質量比を示したものである。

物質のうち ア は，細胞構造をつくる基本となるほか，酵素や抗体として働く。生命活動の中心的な物質として様々な働きを担っている。

また，物質のうち イ は，ヌクレオチドが多数つながっており，大別してDNAとRNAに分けられる。

【真核細胞】

【原核細胞】

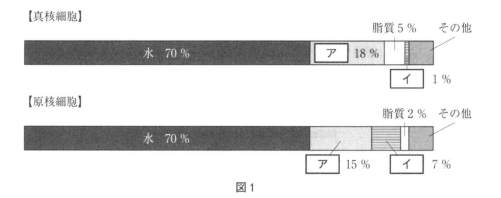

図1

	ア	イ
①	タンパク質	核　酸
②	タンパク質	炭水化物
③	炭水化物	核　酸
④	炭水化物	タンパク質
⑤	核　酸	炭水化物
⑥	核　酸	タンパク質

問 3 次の文章は，ATP の利用について述べたものである。文章中の空欄 ウ と エ に入る語句の正しい組合せを，下の①〜④のうちから一つ選べ。解答番号は 3 。

ATP を測定し，目に見えない細菌などを検出する方法が開発されている。この方法は，食品加工現場や医療現場などの衛生検査に利用される。

検査方法として，まず，綿棒でまな板などの表面をふき取る(図 2)。次に，その綿棒を試薬入りチューブに挿入し，綿棒に付着した ATP を抽出し，その ATP をホタルなどが持っている ATP と反応して光る物質と反応させる(図 3)。この時，綿棒に含まれている ATP 量に応じて光が発生するため，その発光量を検査機器(図 4)で計測すると，細菌などが多い試料ほど発光量が ウ 測定される。

この方法は， エ の生物の細胞内には ATP が存在していることを利用したものである。

細菌などの ATP ＋ 食物由来の ATP ＝ ATP ふき取り検査の値

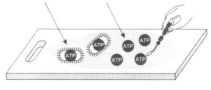

図 2

綿棒を試薬入りチューブに挿入

図 3

チューブを検査機器に挿入

図 4

	ウ	エ
①	多 く	全 て
②	多 く	一 部
③	少なく	全 て
④	少なく	一 部

問4 呼吸は，酸素を用いて有機物を二酸化炭素と水に分解する反応である。呼吸の**反応式**とエ
ネルギーの出入りの図の正しい組合せを，下の①〜⑥のうちから一つ選べ。

解答番号は　4　。

【反応式】　A　有機物　+　O_2　→　CO_2　+　H_2O

　　　　　　B　CO_2　+　H_2O　→　有機物　+　O_2

【エネルギーの出入りの図】

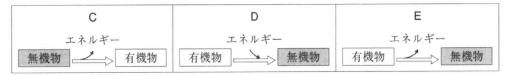

	反応式	エネルギーの出入りの図
①	A	C
②	A	D
③	A	E
④	B	C
⑤	B	D
⑥	B	E

2 遺伝子とその働きについて，問1〜問4に答えよ。

問1 次の文章は，遺伝子とDNAについて述べたものである。文章中の空欄 ア と イ に入る語句の正しい組合せを，下の①〜④のうちから一つ選べ。解答番号は 5 。

> ショウジョウバエの眼の色や植物の花の形など，生物に現れる色や形，大きさなどの特徴を形質という。どのような形質になるかは，遺伝子によって決まる。遺伝子は細胞内の染色体に存在する。体細胞1個当たりに含まれる染色体数は，同種の個体間，例えばショウジョウバエのある個体と同種のショウジョウバエの他個体で ア 。染色体にはDNAが含まれており，DNAの イ が遺伝子の領域である。

	ア	イ
①	同じである	全部
②	同じである	一部
③	異なる	全部
④	異なる	一部

問2 次の文章は，タマネギの体細胞分裂の実験について述べたものである。文章中の空欄
　　　ウ　　と　　エ　　に入る語句の正しい組合せを，下の①〜⑥のうちから一つ選べ。
　　解答番号は　6　。

　　タマネギの根端を先端から約2mmの所で切り，根端のプレパラートを作成して光学
顕微鏡で観察した。図1は，高倍率(600倍程度)で観察した細胞をスケッチしたもので
ある。
　　図1のA〜D中で間期の細胞は　ウ　である。また，CとDの細胞1個当たりの
DNAの量を比べたとき，　エ　である。

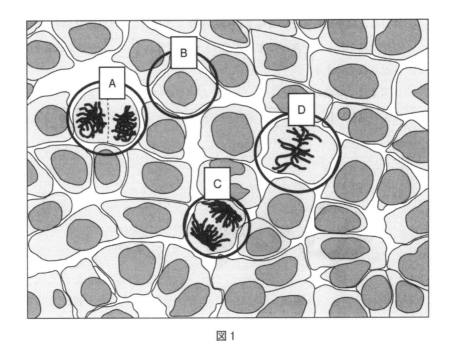

図1

	ウ	エ
①	A・B・C	CとDはほぼ同じ
②	A・B・C	CはDのほぼ2倍
③	C・D	CはDのほぼ1/2倍
④	C・D	CはDのほぼ2倍
⑤	B	CはDのほぼ1/2倍
⑥	B	CとDはほぼ同じ

問3　次の文章は，太郎がユスリカのだ腺（だ液腺）染色体について観察し，文献を調べてまとめ，発表した内容である。図2〜4は太郎が発表で示した画像である。文章中の空欄 オ と カ に入る語句の正しい組合せを，次のページの①〜④のうちから一つ選べ。解答番号は 7 。

【太郎の発表】

　図2は，ユスリカの幼虫のだ腺染色体を光学顕微鏡で観察し，スケッチしたものです。ユスリカの幼虫のだ腺の細胞には，太い染色体が見られました。調べたところ，これは通常の体細胞に見られる染色体に比べて100〜150倍の太さのようです。

　図3は，だ腺染色体の膨らんでいる部分に注目してスケッチしたものです。しばしば特定の部分が膨らんでいる様子が観察され，この膨らんでいる部分をパフと呼びます。パフではDNAの一部がほどけてRNAが合成され オ が盛んに行われていることが知られています。

　図4は，時間の経過とともに変化するパフの位置を示したものです。これを見ると，発生の進行に伴って オ の場所が変化していることから， カ ことがわかります。

図2

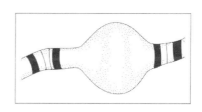

図3

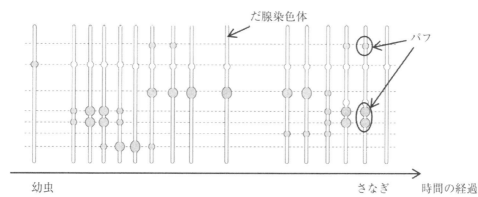

図4

147

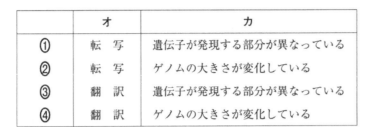

	オ	カ
①	転 写	遺伝子が発現する部分が異なっている
②	転 写	ゲノムの大きさが変化している
③	翻 訳	遺伝子が発現する部分が異なっている
④	翻 訳	ゲノムの大きさが変化している

問 4　次の文章は，タンパク質について述べたものである。文章中の空欄　キ　と　ク　に入る語句の正しい組合せを，下の①～④のうちから一つ選べ。解答番号は　8　。

> 　タンパク質は生体に含まれる物質の中で最も種類が多く，構造及び機能においても重要な働きをしている。タンパク質は多数のアミノ酸が鎖状につながった有機物である。2種類のあるタンパク質を比較すると，構成するアミノ酸の種類や数は通常　キ　。アミノ酸がどのような順番で並ぶかは，DNA を構成するアデニンなどの塩基の　ク　で決まる。

	キ	ク
①	同じである	割　合
②	同じである	配　列
③	異なる	割　合
④	異なる	配　列

3 　生物の体内環境とその維持について，問1〜問5に答えよ。

問1　次の文章は，ある研究施設で実施した血液凝固実験について記したものである。血液を入れた試験管をしばらく静置した後，その様子を観察した。文章中の空欄 ア と イ に入る語句の正しい組合せを，下の①〜⑤のうちから一つ選べ。解答番号は 9 。

【実　験】

　試験管にヒトの血液を入れ，静置すると血液凝固が起こった。その後，電子顕微鏡で観察した（図1）。

【結　果】

　凝固後に試験管内の沈殿部分である ア を観察すると，凝固前に見られなかった繊維状の物質である イ が見られた。

赤血球

イ

凝固前 → 静置 → 凝固後

ア

ア を拡大した図

図1

	ア	イ
①	血しょう	ヘモグロビン
②	血しょう	フィブリン
③	血ぺい	ヘモグロビン
④	血ぺい	フィブリン
⑤	血　清	ヘモグロビン

問 2 表1は，健康なヒトの腎臓の部位AとBについて，その場所を流れる液体中の成分（タンパク質，グルコース，尿素）の有無を調べ，その結果をまとめたものである。図2は，健康なヒトの腎臓の模式図である。AとBの2か所は，それぞれ図2のX，Y，Zのどの部分か。正しい記号の組合せを，下の①～⑥のうちから一つ選べ。解答番号は　10　。

表 1

		部　位	
		A	B
成分	タンパク質	―	―
	グルコース	―	＋
	尿　素	＋	＋

＋：検出された　　―：検出されなかった

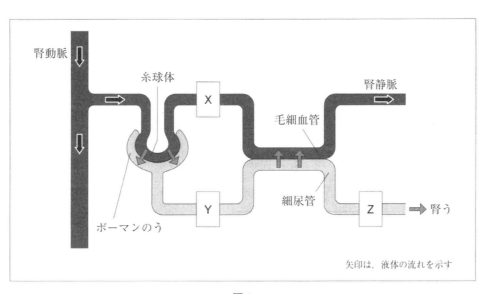

図 2

	A	B
①	X	Y
②	X	Z
③	Y	X
④	Y	Z
⑤	Z	X
⑥	Z	Y

問3 次の文章は，血液中のグルコースの血中濃度(血糖値)とホルモンⅠとⅡについての太郎と
花子の会話である。文章中の空欄 ウ と エ に入る語句の正しい組合せを，下の
①～⑥のうちから一つ選べ。解答番号は 11 。

太　郎：授業で習ったすい臓のホルモンの分泌について，復習してみよう。図3では，
食後にグルコースの血中濃度(血糖値)が上がると同時に，ホルモンⅠが血液中
で増加していることが確認できるね。逆に，ホルモンⅡは減少しているね。

花　子：ということは，ホルモンⅡは ウ だと分かるね。

太　郎：ホルモンⅠとⅡは，すい臓の図4の エ から分泌されるんだったね。

花　子：発見した人の名前及びその形状から， エ という名前だったね。

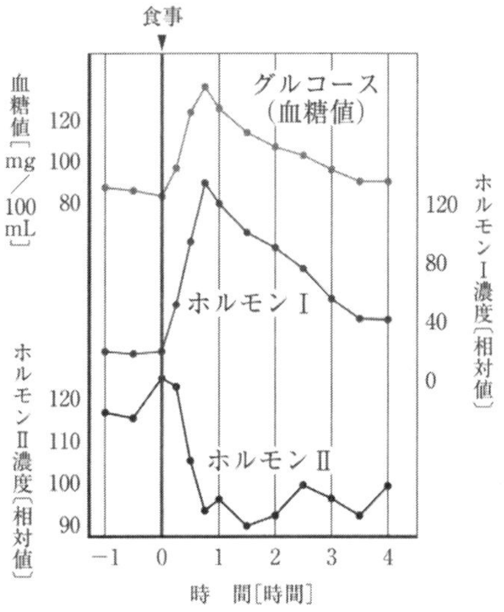

図3

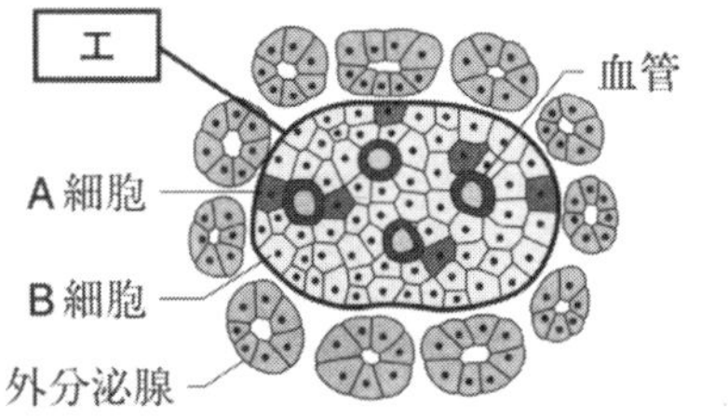

図4

	ウ	エ
①	インスリン	ランゲルハンス島
②	インスリン	甲状腺
③	チロキシン	ランゲルハンス島
④	チロキシン	甲状腺
⑤	グルカゴン	ランゲルハンス島
⑥	グルカゴン	甲状腺

問4 次の文章は，自律神経系による調節について述べたものである。文章中の空欄 オ ～
キ に入る語句の正しい組合せを，下の①～④のうちから一つ選べ。
解答番号は 12 。

自律神経系はからだの基本的な働きを調節している。

ヒトは体温が上昇すると， オ 神経を通じて心臓の拍動を抑制して熱の発生量を
減少させる。

逆に，体温が低下すると， カ 神経を通じて皮膚の血管の収縮を促進させ熱の放
散量を キ させたり，心臓の拍動を促進して熱の発生量を増加させたりする。

	オ	カ	キ
①	副交感	交 感	減 少
②	副交感	交 感	増 加
③	交 感	副交感	減 少
④	交 感	副交感	増 加

問 5　次の文章は，異物が血球に取り込まれる様子の観察について述べたものである。文章中の
空欄　ク　と　ケ　に入る語句の正しい組合せを，下の①〜④のうちから一つ選べ。
解答番号は　13　。

　　異物が血球に取り込まれる様子を観察するため，次の実験を行った。

【方　法】　(1)　ショウリョウバッタに墨汁を注射した後，24時間飼育した。

　　　　　　(2)　脚から体液を取り，その体液をスライドガラスにこすりつけ，光学顕微
　　　　　　　　鏡で観察した。

【結　果】　図5のように，墨汁に含まれる黒い粒子が血球に取り込まれた様子を観察で
　　　　　　きた。

【考　察】　観察した現象を調べると，生まれつき備わっている生体防御である　ク
　　　　　　の一つであることが分かった。このように，異物を取り込んで分解する働き
　　　　　　は　ケ　と呼ばれることが分かった。

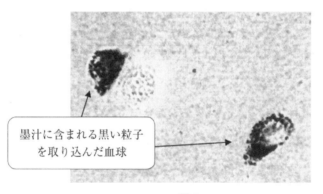

墨汁に含まれる黒い粒子
を取り込んだ血球

図5

	ク	ケ
①	自然免疫	抗原抗体反応
②	自然免疫	食作用
③	獲得免疫	抗原抗体反応
④	獲得免疫	食作用

4 植生の多様性と分布について，**問１**～**問４**に答えよ。

問１　次の文章は植生について述べたものである。文章中の空欄 ア と イ に入る語句
の正しい組合せを，下の①～⑤のうちから一つ選べ。解答番号は 14 。

> 　ある地域に生育する植物の集まりを植生と呼ぶ。植生は外観によって，荒原・草原・
> 森林に大別され，最も階層構造が発達するのが ア である。草原ではイネ科草本
> （イネの仲間）が最も広い生活空間を占めており， イ と呼ばれている。

	ア	イ
①	荒　原	ギャップ
②	荒　原	優占種
③	荒　原	外来種
④	森　林	ギャップ
⑤	森　林	優占種

問2　次の文章は，遷移の初期の過程について述べたものである。文章中の空欄　ウ　～
　　　オ　に入る語句の正しい組合せを，下の①～⑥のうちから一つ選べ。
　　解答番号は　15　。

　　火山の噴火などで新しくできた裸地に，最初に侵入・定着する植物を先駆植物（先駆
　種）という。先駆植物として，場所によっては地衣類やコケ植物などが出現する。これ
　は，栄養塩類の少なさや乾燥に　ウ　からである。また，先駆植物としてイタドリや
　ススキなどの　エ　種子を持つ草本植物が侵入する場所もある。
　　先駆植物の枯死体などにより土壌が形成され，草原から低木林へと遷移していく。こ
　こでは日当たりの　オ　環境の下で速く成長できるヤシャブシやクロマツなどの樹種
　が観察される。

	ウ	エ	オ
①	耐えられる	重くて風で飛びにくい	よ い
②	耐えられる	軽くて風で飛びやすい	よ い
③	耐えられる	軽くて風で飛びやすい	よくない
④	耐えられない	重くて風で飛びにくい	よ い
⑤	耐えられない	軽くて風で飛びやすい	よくない
⑥	耐えられない	重くて風で飛びにくい	よくない

問 3 次の文章は，熱帯多雨林についての太郎と花子の会話である。　カ　に入る記号の正しい組合せを，下の①〜⑥のうちから一つ選べ。解答番号は　16　。

花　子：2019 年の夏に，南米のアマゾンでかつてないほど大規模な森林火災が発生して，広大な面積の森林が失われてしまったね。

太　郎：地球の未来のためにもこのような森林は減らしたくないな。

花　子：でも，このような熱帯多雨林の面積は他の地域でも減っているようだけれど，どんな地域かな。

太　郎：地図上（図１）のアマゾンのような熱帯多雨林のバイオームがある地域は，　カ　などに見られるんだね。

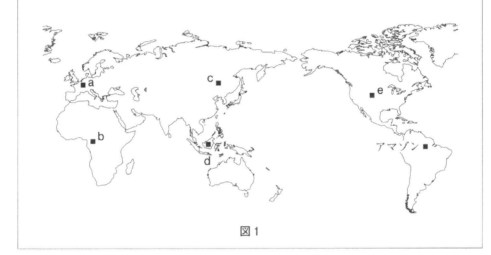

図 1

	カ
①	a，b，c
②	a，c，e
③	a，d，e
④	b，d
⑤	b，c
⑥	d，e

■■ ||

問4 次の文章は，太郎が秋の休日を利用して山に登った様子をまとめたものである。文章中の
空欄 キ ～ ケ に入る語句の正しい組合せを，下の①～⑥のうちから一つ選べ。
解答番号は 17 。

植物に興味のある太郎は，山登りをした後，「低地ではブナ・ミズナラの林，標高が
高くなるにつれて キ の林，さらに上ではハイマツの林を観察した。調査した標高
による植生の違いを ク という。また，調査した場所に一番近い ク が見られ
るのは図2中の ケ である。」とまとめました。

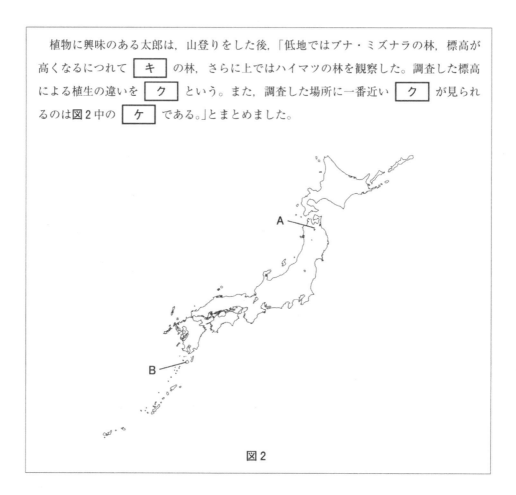

図2

	キ	ク	ケ
①	常緑広葉樹	水平分布	B
②	常緑広葉樹	垂直分布	B
③	常緑広葉樹	水平分布	A
④	針葉樹	垂直分布	A
⑤	針葉樹	水平分布	A
⑥	針葉樹	垂直分布	B

5 　生態系とその保全について，問1〜問3に答えよ。

問1 　図1は，生態系における窒素の循環を模式的に示したものである。図中の空欄 ア 〜
ウ に入る矢印の向きの正しい組合せを，下の①〜⑥のうちから一つ選べ。
解答番号は 18 。

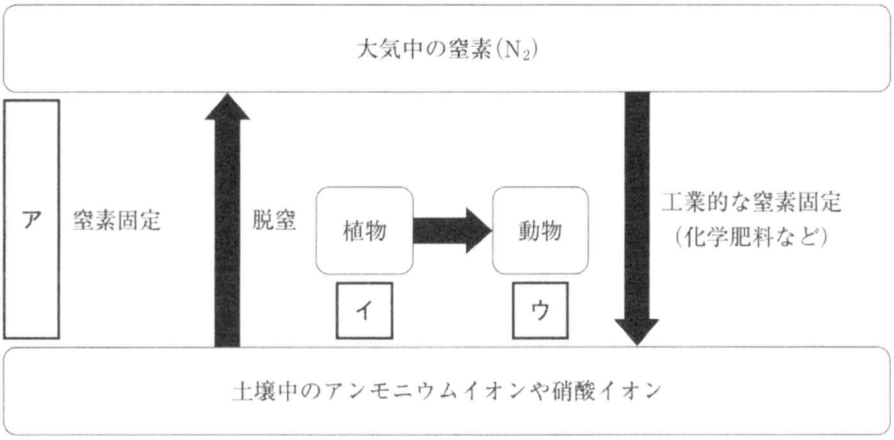

大気中の窒素(N_2)

ア 窒素固定　　　脱窒　　　植物 → 動物　　　工業的な窒素固定
（化学肥料など）

イ　　　　ウ

土壌中のアンモニウムイオンや硝酸イオン

図1

	ア	イ	ウ
①	↑	↑	↓
②	↑	↑↓	↑
③	↑	↓	↓
④	↓	↑	↑
⑤	↓	↑↓	↓
⑥	↓	↓	↑

問2 次の文章は，生態系のバランスについて述べたものである。文章中の空欄 エ ～ カ に入る語句の正しい組合せを，下の①～④のうちから一つ選べ。解答番号は 19 。

> 河川や海に流入する有機物は，その量が少ないときは大量の水により希釈されたり，分解者によって分解されたりする。この働きを エ という。
>
> しかし，大量の有機物が河川に流入すると，有機物の多くが下流や海に流れていく。大量の有機物は分解され，窒素やリンなどの オ が増加する。さらに農地の肥料などからの過剰な オ も加わり カ が起こる。

	エ	オ	カ
①	富栄養化	無機塩類（無機栄養）	自然浄化
②	富栄養化	温室効果ガス	自然浄化
③	自然浄化	無機塩類（無機栄養）	富栄養化
④	自然浄化	温室効果ガス	富栄養化

問 3　次の文章は，生態系の保全について述べたものである。文章中の空欄　キ　～　ケ　に入る語句の正しい組合せを，次のページの①～⑥のうちから一つ選べ。解答番号は　20　。

ウミガラス（図2）は，亜寒帯の離島や海岸の断崖で集団営巣し，潜水で魚を捕らえる鳥類である。1960年代の日本では，約8,000羽の個体数が確認できたが，急激に減少した。かつて行われた観光事業，ひなの食料の減少，魚網による溺死，捕食者の増加など様々な要因で生息数及び繁殖数が激減したと考えられている。現在では北海道の天売島などで繁殖する。環境省はこれらの状況から，ウミガラスを　キ　に指定している。

近年，天売島では，繁殖数の回復のために，ウミガラスのデコイ（模型）の設置や，鳴き声による音声誘引を開始した。さらに2011年からは卵やひなの捕食者の捕獲を開始した。図3はその前後のウミガラスの飛来数，つがい数と巣立ちひな数を示している。図3からはウミガラスの飛来数は　ク　，そして，捕食者の捕獲の開始により，巣立ちひな数は　ケ　していることが分かる。

図2

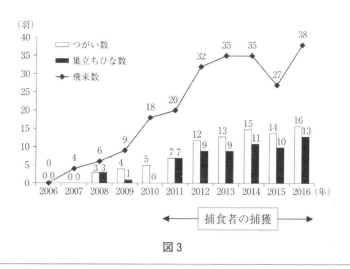

図3

	キ	ク	ケ
①	特定外来生物	増加し	増　加
②	特定外来生物	変わらず	増　加
③	特定外来生物	変わらず	減　少
④	絶滅危惧種	増加し	増　加
⑤	絶滅危惧種	増加し	減　少
⑥	絶滅危惧種	変わらず	減　少

令和２年度　第２回

解答・解説

【重要度の表記】

Ａ：重要度が高く確実に正答したい設問。しっかり
　　復習する必要のある問題です。

Ｂ：重要度はＡレベルよりすこし下で、やや難易度
　　が高い設問または内容を読み取る設問。高得点
　　を狙う人は復習しましょう！

Ｃ：重要度が低い、または難解な設問。軽く復習す
　　る程度でよいでしょう！

令和２年度　第２回　高卒認定試験

【　解　答　】

1	解答番号	正答	配点	2	解答番号	正答	配点	3	解答番号	正答	配点	4	解答番号	正答	配点	5	解答番号	正答	配点
問1	1	②	5	問1	5	②	5	問1	9	④	5	問1	14	⑤	5	問1	18	⑤	5
問2	2	①	5	問2	6	⑥	5	問2	10	⑥	5	問2	15	②	5	問2	19	③	5
問3	3	①	5	問3	7	①	5	問3	11	⑤	5	問3	16	④	5	問3	20	④	5
問4	4	③	5	問4	8	④	5	問4	12	①	5	問4	17	④	5	-	-		
-	-			-	-			問5	13	②	5	-	-			-	-		

【　解　説　】

1

問1　ｃについて，生物が生命活動に利用しているのは，代謝によってつくられたＡＴＰであり，これは光エネルギーではなく化学エネルギーとなります。a，b，dについてはいずれも正しい記述です。したがって，正解は②となります。

解答番号【1】：2　　⇒ 重要度Ａ

問2　細胞を構成する基本物質であり，水のような無機物以外で多くの割合を占めているのはタンパク質です。また，ＤＮＡとＲＮＡに大別されるのは核酸になります。したがって，正解は①となります。

解答番号【2】：1　　⇒ 重要度Ａ

問3　細菌も代謝によりＡＴＰを生産しています。細菌の数が多くなればそれだけ生産されるＡＴＰの量も増えるため，細菌などが多い試料ほど発光量が多く測定されます。この方法は全ての生物の細胞内にはＡＴＰが存在していることを利用したものです。したがって，正解は①となります。

解答番号【3】：1　　⇒ 重要度Ａ

問4　Aは呼吸のように有機物を分解して二酸化炭素と水が生じる反応です。この反応により生命活動に必要なエネルギー（ＡＴＰ）がつくられます。一方，Bは無機物である二酸化炭素を利用して有機物を合成する反応になります。この場合，植物が行う光合成のように物質を合成するためのエネルギーを外部から得る必要があります。したがって，正解は③

となります。

解答番号【4】：3　　⇒ 重要度B

2

問1　体細胞1個当たりに含まれる染色体数は，同種の個体間では同じ数になります。この染色体に含まれるDNAの一部が遺伝子となります。したがって，正解は②となります。

解答番号【5】：2　　⇒ 重要度A

問2　体細胞分裂の過程は，DNAの複製や細胞分裂の準備が行われる間期と実際に細胞が分裂する過程となる分裂期に分けられます。細胞1個当たりに含まれるDNAの量は間期を通じてほぼ2倍に増加しています。図1において，間期に該当するのはBであり，A，C，Dはいずれも分裂期の体細胞の様子を表しています。分裂の過程はD→C→Aの順になり，これ以前にDNAの複製は終了しているのでCとDでは細胞内のDNAの量はほぼ同じになります。したがって，正解は⑥となります。

解答番号【6】：6　　⇒ 重要度B

問3　DNAの遺伝情報はいったんRNAへと転写され，そこで合成されたRNAを鋳型としてタンパク質への翻訳が行われます。パフではこの転写が盛んに行われていることが知られています。図4を見ると，時間の経過とともにパフの位置が変わっており，発生の進行に伴って転写の場所が変化していることから，遺伝子が発現する部分が異なっていることがわかります。したがって，正解は①となります。

解答番号【7】：1　　⇒ 重要度B

問4　タンパク質は多数のアミノ酸が鎖状につながって構成された有機物です。異なる種類のタンパク質は，それを構成するアミノ酸の種類や数が異なっています。タンパク質を構成するアミノ酸がどのような順番で並ぶかは，DNAを構成するアデニン，チミン，グアニン，シトシンといった塩基の配列によって決まります。したがって，④が正解となります。

解答番号【8】：4　　⇒ 重要度A

3

問1　血液が血管外に出ると，血しょう中にフィブリンと呼ばれる物質がつくられ，これが血球とからみあって血ぺいとなります。図1において，アは血ぺい，繊維状の物質であるイがフィブリンになります。血液凝固はこのような過程で起こります。したがって，正解は④となります。

解答番号【9】：4　　⇒ 重要度B

問2　糸球体では，血液中の血球やタンパク質以外の成分の大部分がボーマンのうにろ過されます。表1を見ると，タンパク質は部位A，Bのいずれも（−）になっていることからタンパク質が存在するはずのXは，部位A，Bのいずれにも該当しません。次に細尿管で

はグルコースや必要量の塩類などが再吸収されます。表1を見ると，グルコースは部位Aで（−），部位Bで（＋）となっていることから，部位AがZ，部位BがYに該当することがわかります。したがって，正解は⑥となります。

解答番号【10】：6　　⇒ 重要度C

問3　インスリンはグルコースの血中濃度を下げるはたらきをもつホルモンで，すい臓のランゲルハンス島B細胞から分泌されます。反対にグルカゴンはグルコースの血中濃度を上げるはたらきをもつホルモンで，すい臓のランゲルハンス島A細胞から分泌されます。食後にグルコースの血中濃度が上がると，ホルモンⅠが増加し，ホルモンⅡが減少していることから，ホルモンⅠがインスリン，ホルモンⅡがグルカゴンであることがわかります。また，チロキシンは物質代謝の促進に関わるホルモンです。したがって，正解は⑤となります。

解答番号【11】：5　　⇒ 重要度B

問4　ヒトは体温が上昇すると，副交感神経を通じて心臓の拍動を抑制して熱の発生量を減少させます。逆に，体温が低下すると，交感神経を通じて皮膚の血管の収縮を促進させ熱の放散量を減少させたり，心臓の拍動を促進して熱の発生量を増加させます。交感神経はからだのはたらきを促進的に，副交感神経は抑制的に調節を行う自律神経です。したがって，正解は①となります。

解答番号【12】：1　　⇒ 重要度B

問5　生まれつき備わっている生体防御は自然免疫です。自然免疫は体内に侵入した異物を非自己と認識しそれを食作用により攻撃することで生体防御を行います。それに対して獲得免疫は体内に侵入した病原体などに対抗的にはたらく物質（抗体）をつくり出し，再びその病原体が侵入したときに生体を防御するしくみです。したがって，②が正解となります。

解答番号【13】：2　　⇒ 重要度B

4

問1　森林では高木層，亜高木層，低木層，草本層と，垂直方向に異なる植物が葉を広げる階層構造が発達しています。ある植生の中で最も広い生活空間を占めているものを優先種といいます。したがって，⑤が正解となります。

解答番号【14】：5　　⇒ 重要度A

問2　土壌が形成されていない裸地に最初に侵入・定着する先駆植物としては，栄養塩類の少なさや乾燥に耐えられる地衣類やコケ植物が考えられます。また，イタドリやススキなどの軽くて風で飛びやすい種子を持つ草本植物が侵入する場合もあります。先駆植物の枯死体などにより土壌が形成されると，植生は草原から低木林へと遷移してゆき，日当たりのよい環境下で速く成長できるヤシャブシやクロマツといった陽樹が観察されるようになります。したがって，②が正解となります。

解答番号【15】：2　　⇒ 重要度A

問3　熱帯多雨林が見られるのは，アマゾンのように赤道に近い緯度の地域になります。図1を見ると，アマゾンと同じような緯度の地域はbとdになります。したがって，④が正解となります。

　　　解答番号【16】：4　　⇒ ■重要度A

問4　標高の差による植生の違いを垂直分布といいます。本州中部地方における日本のバイオームの垂直分布では，針葉樹林が見られるのは亜高山帯になります。また，針葉樹林の分布は気候または緯度とも関連しており，Bの屋久島あたりは亜熱帯気候となるので，同じくらいの標高でも本州の亜高山帯に見られるような針葉樹を欠いています。したがって，④が正解となります。

　　　解答番号【17】：4　　⇒ ■重要度B

5

問1　窒素固定とは空気中に多量に存在する窒素分子を，反応性の高い他の窒素化合物に変換することを意味します。自然界での窒素固定は主に細菌などのはたらきによって行われます。植物及び動物の排泄物・枯死体は，細菌などの分解生物のはたらきにより土壌中に窒素を戻すことができます。一方，植物は土壌中の窒素を肥料として取り込み有機物を合成（窒素同化）することができます。アとウは土壌中に窒素が戻るので矢印は下向きになります。イは土壌中に窒素を戻すだけでなく，土壌中から窒素を取り込む作用もあるので矢印は上下両方になります。したがって，正解は⑤となります。

　　　解答番号【18】：5　　⇒ ■重要度B

問2　河川や海に流入する有機物は，その量が少なければ大量の水によって希釈されたり，分解者によって分解されたりします。これを自然浄化といいます。しかし，大量の有機物が河川や海に流入すると，それが大量に分解され窒素やリンなどの無機塩類が増加します。これに農地の肥料などに含まれる無機塩類も加わり，富栄養化が起こります。したがって，③が正解となります。

　　　解答番号【19】：3　　⇒ ■重要度B

問3　ウミガラスの個体数が減少してきているとの説明などからキには絶滅危惧種が当てはまります。図3を見ると，ウミガラスの飛来数は近年増加しており，巣立ちひな数も増加しているのがわかります。したがって，正解は④となります。

　　　解答番号【20】：4　　⇒ ■重要度A

令和２年度 第１回
高卒認定試験

生物基礎

解答時間　50分

生 物 基 礎

$$\left(\text{解答番号}\ \boxed{1}\ \sim\ \boxed{20}\right)$$

1 生物の特徴について，問1〜問4に答えよ。

問 1 次の文章は，生物の共通性に関する**実験**と**結果**を示したものである。調べた生物の共通性を確認できた実験を，下の①〜⑥のうちから一つ選べ。解答番号は ┌ 1 ┐。

【実 験】

　ニワトリとブロッコリーにどのような共通性が見られるかを確認するために，次の実験を行った。

　実験1　ニワトリの肝臓とブロッコリーの花芽からDNAを抽出した。

　実験2　ニワトリの肝臓とブロッコリーの茎に細胞があるかを，光学顕微鏡を用いて確認した。

　実験3　ニワトリの肝臓とブロッコリーの茎に葉緑体があるかを，光学顕微鏡を用いて確認した。

【結 果】

	ニワトリ	ブロッコリー
実験1	白い糸状のものが現れた	白い糸状のものが現れた
実験2	丸い細胞が見られた	長方形の細胞が見られた
実験3	葉緑体が見られなかった	葉緑体が見られた

---

① 実験1のみ

② 実験2のみ

③ 実験3のみ

④ 実験1と実験2

⑤ 実験1と実験3

⑥ 実験2と実験3

問2　次の文章は，ヒトのほおの内側の細胞を観察した実験を示したものである。文章中の空欄
　　　ア　と　イ　に入る語句の正しい組合せを，下の①〜④のうちから一つ選べ。
解答番号は　2　。

図1は，乳酸菌を含むヨーグルトを食べる前と食べた後で，ヒトのほおの内側の細胞を観察した結果を示したものである。観察する際には，細胞を酢酸オルセイン溶液で染色し，光学顕微鏡で観察した(100倍)。ヨーグルトを食べる前ではほおの細胞のみが，食べた後ではほおの細胞とその周囲に粒が観察できた。

図2は，この粒をさらに倍率を上げて観察した結果を示したものである(600倍)。

乳酸菌は　ア　生物で，一般的な　ア　生物はヒトの細胞よりも　イ　。このことから，観察できた小さい粒の多くは，乳酸菌であると考えられた。

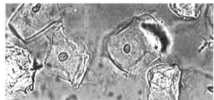

ヨーグルトを食べる前　　　　　　ヨーグルトを食べた後

図1

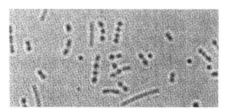

図2

	ア	イ
①	原核	大きい
②	原核	小さい
③	真核	大きい
④	真核	小さい

問 3 次の文章は，オオカナダモの葉の細胞を光学顕微鏡（400 倍）で観察したスケッチ（図 3）について，太郎と花子の会話を記したものである。図 3 と文章中の空欄 ウ と エ に入る語句の正しい組合せを，下の①〜④のうちから一つ選べ。解答番号は 3 。

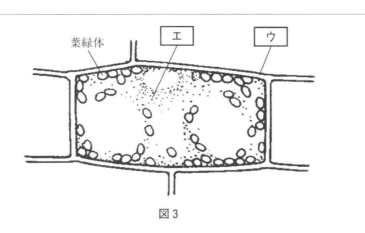

図 3

太　郎：細胞の中に，葉緑体はたくさんあるけど，核が見つからないよ。オオカナダモって核を持たない生物なのかな。

花　子：核を染色していないから，見えにくいんじゃないの。

太　郎：見えにくいけど，あるんだね。

花　子：葉緑体の他に，何か見られたものはあるの。

太　郎：細胞の一番外側を囲う枠が ウ ，細胞の中で葉緑体などの細胞小器官のまわりを満たしている部分は エ だね。

花　子：他にも細胞小器官はあるけど，あまりにも小さすぎて顕微鏡では見えなかったんだね。あと，染色していないので見えなかったというのもあるね。

	ウ	エ
①	細胞壁	細胞質基質
②	細胞壁	液胞
③	細胞膜	細胞質基質
④	細胞膜	液胞

問 4 次の図は，一般的な植物が生命活動を行う際の細胞内のエネルギーと物質の流れを示した模式図である。正しい図を，次の①〜④のうちから一つ選べ。解答番号は　4　。

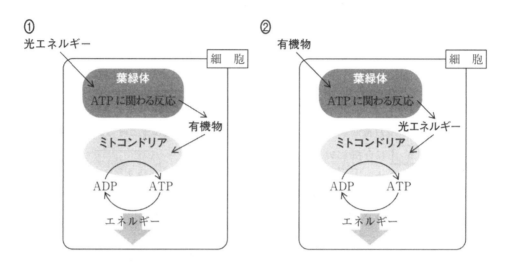

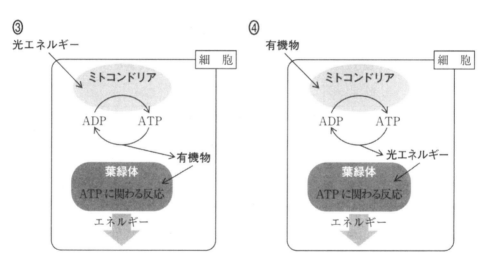

2　遺伝子とその働きについて，問1～問4に答えよ。

問1　次の文章は，遺伝子について述べたものである。文章中の空欄　ア　と　イ　に入る
語句と，ある多細胞生物の一つの個体における**遺伝子の発現について述べた文**の正しい組合
せを，下の①～⑥のうちから一つ選べ。解答番号は　5　。

> 親の　ア　が，子あるいはそれ以降の世代に現れることを遺伝という。遺伝で親か
> ら子へ受け継がれる　ア　の情報を担うものは遺伝子と呼ばれる。遺伝子は生物の
> イ　に存在する。
> 真核生物の　イ　は染色体に含まれ，核の中に存在する。通常，同じ大きさと形を
> 持った染色体が1対ずつある。

【遺伝子の発現について述べた文】

　a　形や働きが異なる細胞でも，それぞれの細胞で全ての遺伝子が発現している。

　b　形や働きが異なる細胞では，特定の遺伝子が発現している。

　c　形や働きが異なる細胞では，含まれる遺伝子は全て異なっている。

	ア	イ	遺伝子の発現について述べた文
①	形　質	DNA	a
②	形　質	RNA	b
③	形　質	DNA	b
④	塩　基	RNA	a
⑤	塩　基	DNA	c
⑥	塩　基	RNA	c

問 2　次の文章は，DNA の塩基組成について述べたものである。文章中の空欄 ウ と エ に入る語句の正しい組合せを，下の①〜⑤のうちから一つ選べ。

解答番号は 6 。

表1

	A	T	G	C
結核菌	15.1	14.6	34.9	35.4
ウシの胸腺	29.0	28.5	21.2	21.2
ウニの生殖腺	32.8	32.1	17.7	17.3

　表1は，いろいろな生物の DNA の塩基組成(%)をまとめたものである。今，生物名が分からないサンプル a とサンプル b があり，それぞれのサンプルは表中の生物のものであることは分かっている。

　サンプル a は A と T の合計値が 64.9 であった。サンプル b は G と C の合計値が 42.4 であった。値から，サンプル a の生物は ウ ，サンプル b の生物は エ ということが考えられる。

	ウ	エ
①	結核菌	ウ　シ
②	結核菌	ウ　ニ
③	ウ　シ	結核菌
④	ウ　ニ	結核菌
⑤	ウ　ニ	ウ　シ

問 3　次の文章は，DNA の抽出について，太郎と花子の会話を記したものである。文章中の空欄　オ　～　キ　に入る語句の正しい組合せを，次のページの①～④のうちから一つ選べ。解答番号は　7　。

太　郎：明日，ブロッコリーの花芽を使った DNA の抽出実験があるから，手順を確認しておこうと思うんだ。

花　子：いいわよ，一緒に確認しましょう。

太　郎：この実験の方法は，まず DNA を溶かし出す，次に DNA を見えるようにするの2段階だと習ったね。明日は抽出液を作るところから僕たちでやるのかな。

花　子：きっとそうね。使用する試薬は塩化ナトリウム水溶液，中性洗剤，エタノールよ。抽出液は，塩化ナトリウム水溶液と　オ　を混ぜて作るのよね。

太　郎：ちょっと待って。　オ　はなぜ加えるのかな。

花　子：それを考えるために，DNA の性質と試薬の特徴をメモ(図1)にまとめて整理してみましょう。

メモ1
　　DNA はエタノールに溶けにくい

メモ2
　　中性洗剤には細胞膜や核膜を溶かす働きがある

メモ3
　　塩化ナトリウム水溶液は DNA を抽出しやすくする働きがある

図1

太　郎：ありがとう。だから　オ　を加えるんだね。これで抽出液ができるね。

花　子：でも，そのまま抽出液をブロッコリーにかけても DNA を取り出しにくいから，細胞をすりつぶしてから抽出液を入れるのよ。そして，静かに混ぜた後，5分ほど静置して，茶こしを使ってろ過するのよ。

太　郎：ちょっと待って。DNA だけをより見やすくするには，茶こしに残るもの，ろ液のどっちを使った方がいいかな。

花　子：DNA 以外のものが比較的少なくなっている　カ　よ。

太　郎：そうか。それから最後に DNA を見えるようにするために　キ　を加えるんだね。

花　子：これで明日は大丈夫ね。

		オ	カ	キ
	①	中性洗剤	茶こしに残るもの	エタノール
	②	中性洗剤	ろ 液	エタノール
	③	エタノール	茶こしに残るもの	中性洗剤
	④	エタノール	ろ 液	中性洗剤

問 4 次の文章は，遺伝情報の流れについて述べたものである。文章中の空欄 ク ～ コ に入る語句の正しい組合せを，下の①～⑥のうちから一つ選べ。解答番号は 8 。

酵素や筋肉の主成分である ク は，多数の ケ が鎖状につながった物質である。その種類は非常に多く， ケ の種類，数，配列によって決まる。

図2は，転写・翻訳の流れを示している。今，図2のDNAの3個の塩基 TGA が転写されると mRNA の塩基配列は コ となり，これによって ケ の種類が決まる。

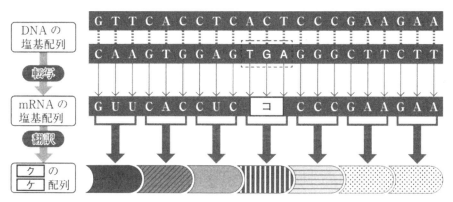

図2

	ク	ケ	コ
①	炭水化物	アミノ酸	ACT
②	炭水化物	アミノ酸	ACU
③	炭水化物	ヌクレオチド	ACT
④	タンパク質	ヌクレオチド	ACT
⑤	タンパク質	アミノ酸	ACU
⑥	タンパク質	ヌクレオチド	ACU

令和2年度第1回試験

3 生物の体内環境の維持について，問1〜問5に答えよ。

問1 次の文章は，血球の種類と働きについて述べたものである。文章中の空欄 ア 〜
 ウ に入る語句の正しい組合せを，下の①〜④のうちから一つ選べ。
 解答番号は 9 。

　　図1は，血液に含まれる細胞をスケッチしたものである。血管を流れる血液は，液体
成分である血しょうと，有形成分である血球に分けられる。その血球は三つに大別され
る。酸素の運搬に働く細胞である赤血球， ア に働く細胞である白血球， イ
に働く血小板がある。また，白血球は色素を持たない血球であり，図1の ウ は，
数種類ある白血球の一つを示したものである。

---

a　　　　　　　　b

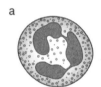　　

図1（図の縮尺は異なる）

	ア	イ	ウ
①	血液凝固	免　疫	a
②	血液凝固	免　疫	b
③	免　疫	血液凝固	a
④	免　疫	血液凝固	b

問2 次の文章は，肝臓の働きにおける様々な物質の合成と分解について述べたものである。文章中の空欄 エ ～ カ に入る語句の正しい組合せを，下の①～⑥のうちから一つ選べ。解答番号は 10 。

　肝臓には，体液の成分を一定に保つ働きがある。例えば， エ に変えて貯蔵するなど，血液中の血糖量を調節している。他にも，タンパク質やアミノ酸の分解で生じた毒性の強い オ から毒性の弱い尿素を合成したり，薬などの化学物質を分解して効果を弱くしたり，脂肪の消化を助ける カ をつくったりする働きもある。

	エ	オ	カ
①	グリコーゲンをグルコース	アルコール	アミラーゼ
②	グリコーゲンをグルコース	アンモニア	アミラーゼ
③	グリコーゲンをグルコース	アルコール	胆汁
④	グルコースをグリコーゲン	アンモニア	アミラーゼ
⑤	グルコースをグリコーゲン	アルコール	胆汁
⑥	グルコースをグリコーゲン	アンモニア	胆汁

問 3 次の文章は，自律神経の働きについて太郎と花子の会話を記したものである。文章中の空欄 キ ～ ケ に入る語句の正しい組合せを，下の①～⑥のうちから一つ選べ。解答番号は 11 。

太　郎：あ，イヌとネコがケンカしているよ。

花　子：イヌは遊びたがっているのかな。ネコは怖がってとても興奮しているようね。鳴きながら全身の毛を逆立てて威嚇（いかく）しているわ(図2)。

太　郎：きっと キ が強く働いているのだろうね。

花　子：なぜそう思うのかしら。

太　郎：毛が逆立っているということは，立毛筋が ク しているということだからね。

花　子：そうか。確か，一般的に活動状態や緊張状態で キ の働きが強まるよね。

太　郎：そうそう。心臓の拍動を ケ したり，血圧を上げたりしてね。

図2

	キ	ク	ケ
①	交感神経	収　縮	促　進
②	交感神経	弛　緩	抑　制
③	交感神経	収　縮	抑　制
④	副交感神経	弛　緩	促　進
⑤	副交感神経	収　縮	促　進
⑥	副交感神経	弛　緩	抑　制

問 4 次の文章は，ホルモンの情報伝達について述べたものである。文章中の空欄 コ ～ シ に入る語句の正しい組合せを，下の①～⑥のうちから一つ選べ。

解答番号は 12 。

内分泌腺は，情報を伝達する物質であるホルモンを コ に分泌する器官である。ホルモンは，全身に運ばれ，特定の細胞に作用を及ぼす。一般にホルモンが作用を及ぼす特定の細胞を サ という。ホルモンは シ に結合することで サ に反応が現われる。図 3 は，その模式図である。 シ には特定のホルモンのみが結合することができる。

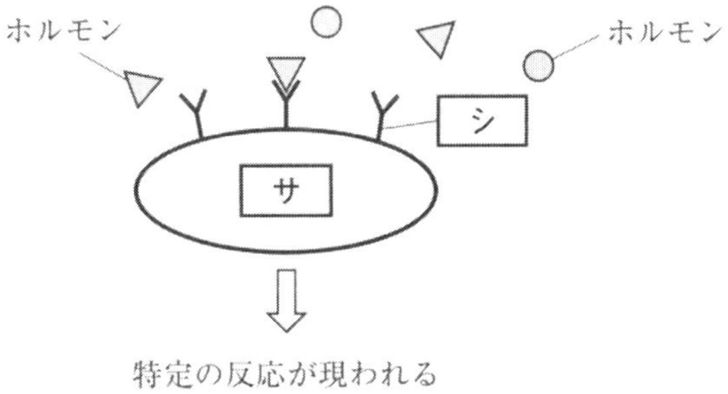

ホルモン

ホルモン

シ

サ

特定の反応が現われる

図 3

	コ	サ	シ
①	体表面	神経分泌細胞	受容体
②	体表面	標的細胞	受容体
③	体表面	神経分泌細胞	脳下垂体
④	血液中	標的細胞	受容体
⑤	血液中	神経分泌細胞	脳下垂体
⑥	血液中	標的細胞	脳下垂体

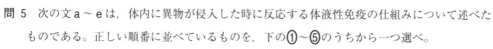

問5 次の文a〜eは，体内に異物が侵入した時に反応する体液性免疫の仕組みについて述べた
ものである。正しい順番に並べているものを，下の①〜⑤のうちから一つ選べ。
解答番号は 13 。

a 体内に異物が侵入すると，樹状細胞などが異物を取り込んで分解する。

b 増殖したB細胞は抗体産生細胞（形質細胞）となり，大量の抗体を産生して，体液中に
分泌するようになる。

c マクロファージは，抗体と特異的に結合した抗原を取り込み，分解する。

d 提示された抗原を認識したヘルパーT細胞が増殖して，同じ抗原を認識したB細胞を
活性化する。

e 樹状細胞などは，細胞の表面に異物を小さく分解したものを抗原情報として提示する。

① a → b → c → d → e
② a → b → e → c → d
③ a → e → b → d → c
④ a → e → d → c → b
⑤ a → e → d → b → c

4 植生の多様性と分布について，問1～問4に答えよ。

問1 照葉樹が優占するある森林内の土壌を観察したところ，図1のように落葉・落枝の層，腐植土層（腐植に富む層），岩石が風化した層が見られ，さらにその下に岩石（母岩）が見られた。図1を参考にして，土壌に関する文 i ～ iii について，正しい文を○，誤っている文を×とした場合，その正しい組合せを，下の①～⑤のうちから一つ選べ。解答番号は 14 。

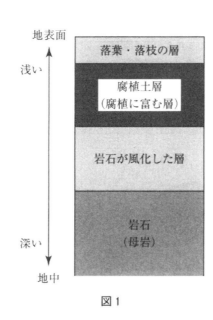

地表面

浅い

深い

地中

図1

i 噴火などによって生じた裸地でも，植生の遷移を経て発達した森林でも，同じような厚みをもった腐植土層が見られる。

ii 針葉樹林では，落葉・落枝の層の下に岩石が風化した層が見られ，その下に腐植土層が見られる。

iii 腐植土層には，岩石が風化した層より多くのミミズなどの土壌生物が見られる。

	i	ii	iii
①	○	×	×
②	×	○	×
③	×	×	○
④	○	○	×
⑤	×	○	○

問2　次の文章は，ある高校生が行った植生の遷移に関する調査結果について記したものである。文章中の空欄　ア　と　イ　に入る記号の正しい組合せを，下の①〜⑥のうちから一つ選べ。解答番号は　15　。

　　ある火山では，噴出年代の異なる3つの溶岩流の跡があり，それぞれに**森林A〜C**が発達している。それぞれの森林において，同じ大きさの方形枠を設定し，その中に生えている陽樹と陰樹を調べた。結果は以下のようだった。

森林A：太くて大きい陽樹と陰樹がほぼ同じ数混ざって生えていた。陽樹の幼木はあまり見つからなかったが，陰樹の幼木は比較的多く見られた。

森林B：太くて大きい陽樹が多数見られた。一方で，陰樹は大きなものは見られず，少数の幼木が見られた。

森林C：太くて大きい陰樹が多数見られた。幼木もほとんどが陰樹だった。一方，陽樹は太くて大きなものが少数見られた。陽樹の幼木の数は少数だった。

　　これらの結果と森林の遷移の順序から考えると，最も新しい溶岩流の上に発達しているのが**森林　ア**で，最も古い溶岩流の上に発達しているのが**森林　イ**であると言える。

	ア	イ
①	A	B
②	A	C
③	B	A
④	B	C
⑤	C	A
⑥	C	B

問 3 次の文章は，世界のバイオームの分布について述べたものである。文章中の空欄 ウ ～ オ に入る語句の正しい組合せを，次のページの①～⑥のうちから一つ選べ。解答番号は 16 。

ある地域に生息する全ての生物の集まりをバイオームという。バイオームは，相観に基づいて分類され，その分布は年降水量と年平均気温で決まる。

図2は，年降水量・年平均気温とバイオームの関係を示したものである。表1は，ある地点a・bのバイオーム名，代表する植物，年降水量と年平均気温を示したものである。図2と表1の値から，地点aのバイオーム名は ウ と判断でき，代表する植物はフタバガキと着生植物である。また，地点bのバイオーム名は エ と判断でき，代表する植物は， オ である。これらの他にも，年降水量と年平均気温に応じて，地球上には様々なバイオームが広がっている。

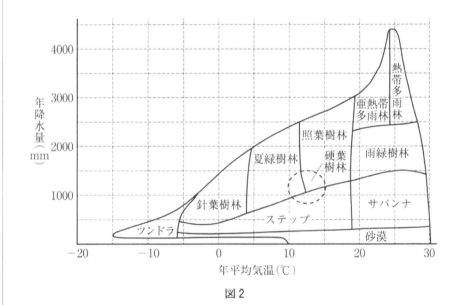

図2

表1

	バイオーム名	代表する植物	年降水量	年平均気温
地点 a	ウ	フタバガキ 着生植物	3515 mm	25.6℃
地点 b	エ	オ	462 mm	14.8℃

	ウ	エ	オ
①	ステップ	熱帯多雨林	トウヒ・モミなど
②	ステップ	熱帯多雨林	イネ科草本(イネの仲間)など
③	ステップ	ツンドラ	イネ科草本(イネの仲間)など
④	熱帯多雨林	ツンドラ	トウヒ・モミなど
⑤	熱帯多雨林	ステップ	トウヒ・モミなど
⑥	熱帯多雨林	ステップ	イネ科草本(イネの仲間)など

問 4 **表2**は，関東地方のある山(標高約850 m)において，標高に応じて多く出現する樹木を調べてまとめたものである。**表2**を参考にして考えられることとして，正しい文の組合せを，次のページの①～④のうちから一つ選べ。解答番号は 17 。

m	リョウブ	ミズナラ	オオモミジ	ブナ	アカガシ	モミ	ヤブツバキ	ヤマザクラ	ウラジロガシ	スダジイ	シラカシ	ケヤキ	コナラ
~850	●	●	●	●									
~800	●	●		●	●								
~750	●	●	●		●								
~700			●	●									
~650		●	●		●	●	●						
~600			●	●	●	●			●				
~550					●		●		●				
~500					●		●		●				
~450					●				●	●			
~400					●				●	●			
~350					●			●	●	●			
~300						●				●	●		
~250						●				●	●		
~200							●			●		●	
~150										●	●	●	●
~100										●			
0~50											●	●	
標高／樹種	リョウブ	ミズナラ	オオモミジ	ブナ	アカガシ	モミ	ヤブツバキ	ヤマザクラ	ウラジロガシ	スダジイ	シラカシ	ケヤキ	コナラ
	落葉樹	落葉樹	落葉樹	落葉樹	常緑樹	常緑樹	常緑樹	落葉樹	常緑樹	常緑樹	常緑樹	落葉樹	落葉樹

●は，50 m間隔の標高で各樹種が見られたことを示す。

I　この山において，落葉樹のミズナラ，ブナは，標高が約600m以上の高い場所で多く見られる樹木である。

II　この山において，常緑樹のスダジイ，シラカシは，標高が約600m以上の高い場所で多く見られる樹木である。

III　青森県や岩手県など東北地方の山では，標高600m以下（0～600m）の場所でも，ミズナラやブナが多く見られると考えられる。

IV　青森県や岩手県など東北地方の山では，標高800m以上の場所でのみ，スダジイやシラカシが多く見られると考えられる。

① I, III　　② I, IV　　③ II, III　　④ II, IV

5 生態系とその保全について，問1〜問3に答えよ。

問1 身近な生態系を構成する生物間において，食べる，食べられるといった関係は基本的なものである。図1は，その関係の一部を示したものである。図1中の**生物A**，**生物B**の例として正しい組合せを，下の①〜⑤のうちから一つ選べ。解答番号は 18 。

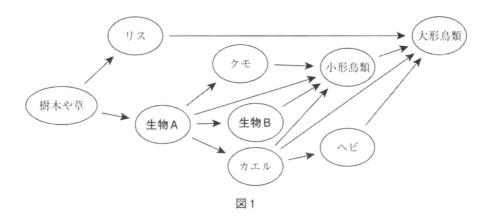

図1

	生物A	生物B
①	バッタ	セ ミ
②	バッタ	カマキリ
③	カマキリ	キツネ
④	ミミズ	ミツバチ
⑤	シイタケ	キツネ

問 2　次の文章は，生態系における炭素の循環について，太郎と花子の会話を記したものである。文章中の空欄　ア　に入る図として正しいものを，下の①〜④のうちから一つ選べ。解答番号は　19　。

太　郎：授業で出てきた生態系の炭素循環についてまとめてみようと思ったんだけど，よく分からなくなってしまったから，紙に書いてみたんだ（図2）。

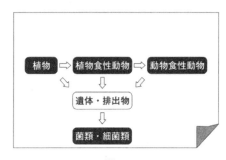

図2

花　子：植物から生物の間を炭素が移動していく様子は書けているけれど，この図だと炭素は循環していないよ。

太　郎：何を加えれば循環するのかな。

花　子：図の中に「大気」を入れて矢印を加えてみたらいいのよ。

太　郎：分かった，書いてみる。
　　　　図を4つ書いてみたけど，どれが正しいかな。

花　子：　ア　が正しい炭素循環の図よ。

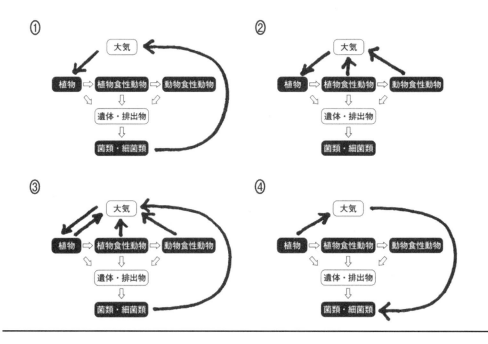

問3 次の文章は，2種の外来生物について述べたものである。これらの**外来生物の影響**について述べた正しい文の組合せを，下の①～④のうちから一つ選べ。解答番号は 20 。

北米原産のオオバナミズキンバイ（図3）は，もともと観賞魚を飼育する水槽用の植物として移入された外来生物で，現在，日本の水田や湖において急速に生息地を広げている。また，同じく北米原産のオオクチバス（図4）は，釣りを楽しむために日本に持ち込まれた外来生物で，日本各地の池や湖で繁殖している。

図3 　　　　　　　　　　　図4

【外来生物の影響】

イ　オオバナミズキンバイが増殖することで，在来でその地に固有の水草の生育場所が狭くなり，在来生物の数が減少する。

ウ　オオバナミズキンバイが増殖することで，在来でその地に固有の水草の生育場所が広くなり，在来生物の数が増加する。

エ　オオクチバスが多くの在来生物を捕食して，在来生物の数が減少する。

オ　多くのオオクチバスが在来生物に捕食されて，在来生物の数が増加する。

① イ．エ
② イ．オ
③ ウ．エ
④ ウ．オ

令和２年度　第１回

解答・解説

令和２年度 第１回 高卒認定試験

【 解 答 】

1	解答番号	正答	配点	2	解答番号	正答	配点	3	解答番号	正答	配点	4	解答番号	正答	配点	5	解答番号	正答	配点
問1	1	④	5	問1	5	③	5	問1	9	③	5	問1	14	③	5	問1	18	②	5
問2	2	②	5	問2	6	⑤	5	問2	10	⑥	5	問2	15	④	5	問2	19	③	5
問3	3	①	5	問3	7	②	5	問3	11	①	5	問3	16	⑥	5	問3	20	①	5
問4	4	①	5	問4	8	⑤	5	問4	12	④	5	問4	17	①	5	-	-		
-	-			-	-			問5	13	⑤	5	-	-			-	-		

【 解 説 】

1

問1 　実験１の結果からニワトリとブロッコリーの両方でDNAを確認することができました。実験２の結果では，形状こそ違うもののニワトリもブロッコリーもその体が細胞によって構成されていることが確認できました。実験３の結果では葉緑体がブロッコリーにのみ見られる特徴であることが確認できました。つまり，生物の共通性を確認できた実験は，実験１と実験２となります。したがって，正解は④となります。

解答番号【1】：4 　　　⇒ ■重要度A

問2 　乳酸菌は細胞内に核膜によって覆われた核をもつ真核生物ではなく，原核生物になります。図１より乳酸菌のような原核生物はヒトの細胞より小さいことがわかります。したがって，正解は②となります。

解答番号【2】：2 　　　⇒ ■重要度A

問3 　細胞の一番外側を囲う枠は，植物細胞に特有の構造である細胞壁です。また，細胞内で細胞小器官のまわりを満たしている部分は細胞質基質です。したがって，正解は①となります。

解答番号【3】：1 　　　⇒ ■重要度A

問4 　植物は細胞内の葉緑体が外部の光エネルギーを利用してATPをつくり出し，そのエネルギーを使って有機物を合成します（光合成）。一方，ミトコンドリアでは有機物を分解する過程でADPからATPをつくり，そのエネルギーを生命活動に用いています。した

がって，正解は①となります。

解答番号【4】：1　　⇒ 重要度B

2

問1　親の形質が，子あるいはそれ以降の世代に現れることを遺伝といいます。親から子へ受け継がれる形質の情報を担うのは遺伝子です。遺伝子は生物のDNAに存在します。また，形や働きが異なる細胞では，すべての遺伝子が発現しているわけではなく，特定の遺伝子が発現しています。したがって，正解は③となります。

解答番号【5】：3　　⇒ 重要度B

問2　表1の数値を利用すると，サンプルaはAとTの合計値は64.9であったことからウニだとわかります。サンプルbはGとCの合計値が42.4であったことからウシだとわかります。したがって，正解は⑤となります。

解答番号【6】：5　　⇒ 重要度A

問3　メモ2より中性洗剤は細胞膜や核膜を溶かす働きがあるので，オには中性洗剤が当てはまります。DNAだけをより見やすくするためには，DNA以外のものをこし取る必要があるので茶こしに残るものではなく，不純物が少ないろ液を使う方が適切です。メモ1よりDNAはエタノールに溶けにくいことからキにはエタノールが当てはまります。したがって，正解は②となります。

解答番号【7】：2　　⇒ 重要度B

問4　酵素や筋肉の主成分であるタンパク質は，多数のアミノ酸が鎖状につながった物質です。DNAとRNAはいずれも4種類の塩基をもっていますが，DNAがもつT（チミン）はRNAではU（ウラシル）に置き換えられています。また，結合する塩基の組み合わせも決まっており，AとT，GとCが結合の組み合わせになりますが，mRNAではTの代わりにUとなります。したがって，⑤が正解となります。

解答番号【8】：5　　⇒ 重要度B

3

問1　血液中の成分のうち，白血球は免疫に関係するものです。また，血小板は血液凝固に関係しています。図1のaは白血球の一種，bは赤血球です。したがって，正解は③となります。

解答番号【9】：3　　⇒ 重要度B

問2　肝臓にはグルコースをグリコーゲンに変えて貯蔵する働きがあります。他にも体内に生じたアンモニアを毒性の弱い尿素につくり変えたり，脂肪の消化を助ける胆汁をつくったりする働きもあります。したがって，正解は⑥となります。

解答番号【10】：6　　⇒ 重要度B

問3　自律神経のうち，交感神経は体内状態を活動的な方向へ調節します。心臓の拍動を促進したり，血圧を上昇させたりする働きがあります。ネコの毛が逆立っているのは立毛筋が収縮しているためで，これも交感神経の働きによるものです。したがって，正解は①となります。

解答番号【11】：1　　⇒ 重要度B

問4　内分泌腺はホルモンを血液中に分泌する器官です。ホルモンが作用を及ぼす特定の細胞を標的細胞といいます。ホルモンが分泌されるとそれが特定の受容体に結合し，標的細胞に反応が現れます。したがって，正解は④となります。

解答番号【12】：4　　⇒ 重要度B

問5　体液性免疫では，体内に異物が侵入すると，樹状細胞などが異物を取り込んで分解します。小さく分解された異物は細胞の表面に抗原情報として提示されます。この抗原を認識したヘルパーT細胞が増殖して，同じ抗原を認識したB細胞を活性化させます。増殖したB細胞は抗体産生細胞となり，大量の抗体をつくり，体液中に分泌します。マクロファージは，抗体と特異的に結合した抗原を取り込み，これを分解します。したがって，⑤が正解となります。

解答番号【13】：5　　⇒ 重要度B

4

問1　ⅰについて，噴火などによって生じた裸地では，森林に見られるような厚みをもった腐植土層は見られません。ⅱについて，図1を参考にすると，落葉・落枝の層の下に腐植土層が見られ，その下に岩石が風化した層が見られます。したがって，③が正解となります。

解答番号【14】：3　　⇒ 重要度B

問2　植生の遷移の過程では，陽樹は強い光の下で陰樹より成長が速くなります。森林ははじめのうち陽樹が占める割合が大きくなりますが，光がとどきにくい森林内部では陽樹の芽生えが育ちにくく，弱い光の下で成長する陰樹がしだいに増えていき，陰樹が森林の多くの部分を占有するようになります。このことから，遷移に要する時間の経過が短い最も新しい溶岩流の上に発達しているのが森林B，反対に遷移の時間が長くなっている最も古い溶岩流の上に発達しているのが森林Cとなります。したがって，④が正解となります。

解答番号【15】：4　　⇒ 重要度B

問3　地点aは年降水量が多く，年平均気温も高いので熱帯多雨林です。地点bは年降水量が少なく，年平均気温はaほど高くなく温暖な気候であることからステップが該当します。ステップでは草原が多く見られるので，このバイオームを代表する植物はイネ科草本（イネの仲間）などになります。したがって，⑥が正解となります。

解答番号【16】：6　　⇒ 重要度A

問4　表2を見ると，スダジイ，シラカシは標高が500mに満たないところで多く見られます。このことからⅡは誤りとわかります。また，スダジイやシラカシは温暖な気候で生育する常緑樹なので，標高に関係なく東北地方の山にはあまり分布がありません。このことからⅣも誤りとなります。したがって，①が正解となります。

解答番号【17】：1　　⇒ 重要度B

5

問1　図1を見ると，生物Aは樹木や草を食べ，生物Bに食べられるという関係があるので，バッタが該当します。また，生物Bは生物A（バッタ）を食べ，小型鳥類に食べられるという関係があるので，カマキリが該当します。したがって，正解は②となります。

解答番号【18】：2　　⇒ 重要度A

問2　生態系を構成する生物である植物，植物食性動物，動物食性動物，菌類・細菌類はいずれも呼吸を行い，二酸化炭素を放出しています。つまり，これらの植物や動物，菌類・細菌類などから大気に対して炭素の移動を示す矢印が描かれている図が適切です。したがって，③が正解となります。

解答番号【19】：3　　⇒ 重要度A

問3　ウについては，オオバナミズキンバイが増殖することで，在来でその地に固有の水草の生育場所が狭くなり，在来生物の数が減少します。オについては，オオクチバスが在来生物を捕食するため，在来生物の数が減少します。したがって，正解は①となります。

解答番号【20】：1　　⇒ 重要度A

第　回　高等学校卒業程度認定試験

生物基礎　解答用紙

氏　名

（注意事項）

1. 記入はすべてHBまたはHBの黒色鉛筆を使用してください。
2. 訂正するときは、プラスチックの消しゴムで丁寧に消し、消しくずを残さないでください。
3. 所定の記入欄以外には何も記入しないでください。
4. 解答用紙を汚したり、折り曲げたりしないでください。
5. マーク例

良い例	●
悪い例	◐ ◖ ◗ ⦿ ⊘ ◍ ⊙

受験地

北海道 ○	滋賀 ○
青森 ○	京都 ○
岩手 ○	大阪 ○
宮城 ○	兵庫 ○
秋田 ○	奈良 ○
山形 ○	和歌山 ○
福島 ○	鳥取 ○
茨城 ○	島根 ○
栃木 ○	岡山 ○
群馬 ○	広島 ○
埼玉 ○	山口 ○
千葉 ○	徳島 ○
東京 ○	香川 ○
神奈川 ○	愛媛 ○
新潟 ○	高知 ○
富山 ○	福岡 ○
石川 ○	佐賀 ○
福井 ○	長崎 ○
山梨 ○	熊本 ○
長野 ○	大分 ○
岐阜 ○	宮崎 ○
静岡 ○	鹿児島 ○
愛知 ○	沖縄 ○
三重 ○	

生年月日

年号		
明治	Ⓜ	
大正	Ⓣ	
昭和	Ⓢ	
平成	Ⓗ	

⓪①②③④⑤⑥⑦⑧⑨
⓪①②③
⓪①②③④⑤⑥⑦⑧⑨
⓪①
⓪①②③④⑤⑥⑦⑧⑨
⓪①②③④⑤⑥⑦⑧⑨

受験番号

⓪①②③④⑤⑥⑦⑧⑨
⓪①②③④⑤⑥⑦⑧⑨
⓪①②③④⑤⑥⑦⑧⑨
⓪①②③④⑤⑥⑦⑧⑨
①

解答欄

解答番号	解答欄 1234567890
1	①②③④⑤⑥⑦⑧⑨⑩
2	①②③④⑤⑥⑦⑧⑨⑩
3	①②③④⑤⑥⑦⑧⑨⑩
4	①②③④⑤⑥⑦⑧⑨⑩
5	①②③④⑤⑥⑦⑧⑨⑩
6	①②③④⑤⑥⑦⑧⑨⑩
7	①②③④⑤⑥⑦⑧⑨⑩
8	①②③④⑤⑥⑦⑧⑨⑩
9	①②③④⑤⑥⑦⑧⑨⑩
10	①②③④⑤⑥⑦⑧⑨⑩
11	①②③④⑤⑥⑦⑧⑨⑩
12	①②③④⑤⑥⑦⑧⑨⑩
13	①②③④⑤⑥⑦⑧⑨⑩
14	①②③④⑤⑥⑦⑧⑨⑩
15	①②③④⑤⑥⑦⑧⑨⑩

解答番号	解答欄 1234567890
16	①②③④⑤⑥⑦⑧⑨⑩
17	①②③④⑤⑥⑦⑧⑨⑩
18	①②③④⑤⑥⑦⑧⑨⑩
19	①②③④⑤⑥⑦⑧⑨⑩
20	①②③④⑤⑥⑦⑧⑨⑩
21	①②③④⑤⑥⑦⑧⑨⑩
22	①②③④⑤⑥⑦⑧⑨⑩
23	①②③④⑤⑥⑦⑧⑨⑩
24	①②③④⑤⑥⑦⑧⑨⑩
25	①②③④⑤⑥⑦⑧⑨⑩
26	①②③④⑤⑥⑦⑧⑨⑩
27	①②③④⑤⑥⑦⑧⑨⑩
28	①②③④⑤⑥⑦⑧⑨⑩
29	①②③④⑤⑥⑦⑧⑨⑩
30	①②③④⑤⑥⑦⑧⑨⑩

解答番号	解答欄 1234567890
31	①②③④⑤⑥⑦⑧⑨⑩
32	①②③④⑤⑥⑦⑧⑨⑩
33	①②③④⑤⑥⑦⑧⑨⑩
34	①②③④⑤⑥⑦⑧⑨⑩
35	①②③④⑤⑥⑦⑧⑨⑩
36	①②③④⑤⑥⑦⑧⑨⑩
37	①②③④⑤⑥⑦⑧⑨⑩
38	①②③④⑤⑥⑦⑧⑨⑩
39	①②③④⑤⑥⑦⑧⑨⑩
40	①②③④⑤⑥⑦⑧⑨⑩
41	①②③④⑤⑥⑦⑧⑨⑩
42	①②③④⑤⑥⑦⑧⑨⑩
43	①②③④⑤⑥⑦⑧⑨⑩
44	①②③④⑤⑥⑦⑧⑨⑩
45	①②③④⑤⑥⑦⑧⑨⑩

- - - - - - キ リ ト リ 線 - - - - - -

受験地

北海道 ○		滋賀 ○
青森 ○		京都 ○
岩手 ○		大阪 ○
宮城 ○		兵庫 ○
秋田 ○		奈良 ○
山形 ○		和歌山 ○
福島 ○		鳥取 ○
茨城 ○		島根 ○
栃木 ○		岡山 ○
群馬 ○		広島 ○
埼玉 ○		山口 ○
千葉 ○		徳島 ○
東京 ○		香川 ○
神奈川 ○		愛媛 ○
新潟 ○		高知 ○
富山 ○		福岡 ○
石川 ○		佐賀 ○
福井 ○		長崎 ○
山梨 ○		熊本 ○
長野 ○		大分 ○
岐阜 ○		宮崎 ○
静岡 ○		鹿児島 ○
愛知 ○		沖縄 ○
三重 ○		

受験番号 ⇒

生年月日 ⇒

年号　明治 M　大正 T　昭和 S　平成 H

解答番号	解　答　欄 1 2 3 4 5 6 7 8 9 0
1	①②③④⑤⑥⑦⑧⑨⓪
2	①②③④⑤⑥⑦⑧⑨⓪
3	①②③④⑤⑥⑦⑧⑨⓪
4	①②③④⑤⑥⑦⑧⑨⓪
5	①②③④⑤⑥⑦⑧⑨⓪
6	①②③④⑤⑥⑦⑧⑨⓪
7	①②③④⑤⑥⑦⑧⑨⓪
8	①②③④⑤⑥⑦⑧⑨⓪
9	①②③④⑤⑥⑦⑧⑨⓪
10	①②③④⑤⑥⑦⑧⑨⓪
11	①②③④⑤⑥⑦⑧⑨⓪
12	①②③④⑤⑥⑦⑧⑨⓪
13	①②③④⑤⑥⑦⑧⑨⓪
14	①②③④⑤⑥⑦⑧⑨⓪
15	①②③④⑤⑥⑦⑧⑨⓪

解答番号	解　答　欄 1 2 3 4 5 6 7 8 9 0
16	①②③④⑤⑥⑦⑧⑨⓪
17	①②③④⑤⑥⑦⑧⑨⓪
18	①②③④⑤⑥⑦⑧⑨⓪
19	①②③④⑤⑥⑦⑧⑨⓪
20	①②③④⑤⑥⑦⑧⑨⓪
21	①②③④⑤⑥⑦⑧⑨⓪
22	①②③④⑤⑥⑦⑧⑨⓪
23	①②③④⑤⑥⑦⑧⑨⓪
24	①②③④⑤⑥⑦⑧⑨⓪
25	①②③④⑤⑥⑦⑧⑨⓪
26	①②③④⑤⑥⑦⑧⑨⓪
27	①②③④⑤⑥⑦⑧⑨⓪
28	①②③④⑤⑥⑦⑧⑨⓪
29	①②③④⑤⑥⑦⑧⑨⓪
30	①②③④⑤⑥⑦⑧⑨⓪

解答番号	解　答　欄 1 2 3 4 5 6 7 8 9 0
31	①②③④⑤⑥⑦⑧⑨⓪
32	①②③④⑤⑥⑦⑧⑨⓪
33	①②③④⑤⑥⑦⑧⑨⓪
34	①②③④⑤⑥⑦⑧⑨⓪
35	①②③④⑤⑥⑦⑧⑨⓪
36	①②③④⑤⑥⑦⑧⑨⓪
37	①②③④⑤⑥⑦⑧⑨⓪
38	①②③④⑤⑥⑦⑧⑨⓪
39	①②③④⑤⑥⑦⑧⑨⓪
40	①②③④⑤⑥⑦⑧⑨⓪
41	①②③④⑤⑥⑦⑧⑨⓪
42	①②③④⑤⑥⑦⑧⑨⓪
43	①②③④⑤⑥⑦⑧⑨⓪
44	①②③④⑤⑥⑦⑧⑨⓪
45	①②③④⑤⑥⑦⑧⑨⓪

第　回　高等学校卒業程度認定試験

生物基礎　解答用紙

氏　名

（注意事項）
1. 記入はすべてHBまたはHBの黒色鉛筆を使用してください。
2. 訂正するときは、プラスチックの消しゴムでて寧に消し、消しくずを残さないでください。
3. 所定の記入欄以外には何も記入しないでください。
4. 解答用紙を汚したり、折り曲げたりしないでください。

5. マーク例　　良い例　●　　悪い例　⦿ ◑ ◐ ⦿ ◓ ⊘

生年月日 ⇒

年号						
明治 Ⓜ	⓪	①	②	③	④	⑤ ⑥ ⑦ ⑧ ⑨
大正 Ⓣ	⓪	①	②	③		
昭和 Ⓢ	⓪	①	②	③	④	⑤ ⑥ ⑦ ⑧ ⑨
平成 Ⓗ		⓪	①			
	⓪	①	②	③	④	⑤ ⑥ ⑦ ⑧ ⑨
	⓪	①	②	③	④	⑤ ⑥ ⑦ ⑧ ⑨

受験番号 ⇒

⓪ ① ② ③ ④ ⑤ ⑥ ⑦ ⑧ ⑨				
⓪ ① ② ③ ④ ④ ⑤ ⑥ ⑦ ⑧ ⑨				
⓪ ① ② ③ ④ ⑤ ⑥ ⑦ ⑧ ⑨				
①				

受験地

北海道 ○		滋 賀 ○		
青 森 ○		京 都 ○		
岩 手 ○		大 阪 ○		
宮 城 ○		兵 庫 ○		
秋 田 ○		奈 良 ○		
山 形 ○		和歌山 ○		
福 島 ○		鳥 取 ○		
茨 城 ○		島 根 ○		
栃 木 ○		岡 山 ○		
群 馬 ○		広 島 ○		
埼 玉 ○		山 口 ○		
千 葉 ○		徳 島 ○		
東 京 ○		香 川 ○		
神奈川 ○		愛 媛 ○		
新 潟 ○		高 知 ○		
富 山 ○		福 岡 ○		
石 川 ○		佐 賀 ○		
福 井 ○		長 崎 ○		
山 梨 ○		熊 本 ○		
長 野 ○		大 分 ○		
岐 阜 ○		宮 崎 ○		
静 岡 ○		鹿児島 ○		
愛 知 ○		沖 縄 ○		
三 重 ○				

解答欄

解答番号	解答欄 1 2 3 4 5 6 7 8 9 0
1	① ② ③ ④ ⑤ ⑥ ⑦ ⑧ ⑨ ⓪
2	① ② ③ ④ ⑤ ⑥ ⑦ ⑧ ⑨ ⓪
3	① ② ③ ④ ⑤ ⑥ ⑦ ⑧ ⑨ ⓪
4	① ② ③ ④ ⑤ ⑥ ⑦ ⑧ ⑨ ⓪
5	① ② ③ ④ ⑤ ⑥ ⑦ ⑧ ⑨ ⓪
6	① ② ③ ④ ⑤ ⑥ ⑦ ⑧ ⑨ ⓪
7	① ② ③ ④ ⑤ ⑥ ⑦ ⑧ ⑨ ⓪
8	① ② ③ ④ ⑤ ⑥ ⑦ ⑧ ⑨ ⓪
9	① ② ③ ④ ⑤ ⑥ ⑦ ⑧ ⑨ ⓪
10	① ② ③ ④ ⑤ ⑥ ⑦ ⑧ ⑨ ⓪
11	① ② ③ ④ ⑤ ⑥ ⑦ ⑧ ⑨ ⓪
12	① ② ③ ④ ⑤ ⑥ ⑦ ⑧ ⑨ ⓪
13	① ② ③ ④ ⑤ ⑥ ⑦ ⑧ ⑨ ⓪
14	① ② ③ ④ ⑤ ⑥ ⑦ ⑧ ⑨ ⓪
15	① ② ③ ④ ⑤ ⑥ ⑦ ⑧ ⑨ ⓪

解答番号	解答欄 1 2 3 4 5 6 7 8 9 0
16	① ② ③ ④ ⑤ ⑥ ⑦ ⑧ ⑨ ⓪
17	① ② ③ ④ ⑤ ⑥ ⑦ ⑧ ⑨ ⓪
18	① ② ③ ④ ⑤ ⑥ ⑦ ⑧ ⑨ ⓪
19	① ② ③ ④ ⑤ ⑥ ⑦ ⑧ ⑨ ⓪
20	① ② ③ ④ ⑤ ⑥ ⑦ ⑧ ⑨ ⓪
21	① ② ③ ④ ⑤ ⑥ ⑦ ⑧ ⑨ ⓪
22	① ② ③ ④ ⑤ ⑥ ⑦ ⑧ ⑨ ⓪
23	① ② ③ ④ ⑤ ⑥ ⑦ ⑧ ⑨ ⓪
24	① ② ③ ④ ⑤ ⑥ ⑦ ⑧ ⑨ ⓪
25	① ② ③ ④ ⑤ ⑥ ⑦ ⑧ ⑨ ⓪
26	① ② ③ ④ ⑤ ⑥ ⑦ ⑧ ⑨ ⓪
27	① ② ③ ④ ⑤ ⑥ ⑦ ⑧ ⑨ ⓪
28	① ② ③ ④ ⑤ ⑥ ⑦ ⑧ ⑨ ⓪
29	① ② ③ ④ ⑤ ⑥ ⑦ ⑧ ⑨ ⓪
30	① ② ③ ④ ⑤ ⑥ ⑦ ⑧ ⑨ ⓪

解答番号	解答欄 1 2 3 4 5 6 7 8 9 0
31	① ② ③ ④ ⑤ ⑥ ⑦ ⑧ ⑨ ⓪
32	① ② ③ ④ ⑤ ⑥ ⑦ ⑧ ⑨ ⓪
33	① ② ③ ④ ⑤ ⑥ ⑦ ⑧ ⑨ ⓪
34	① ② ③ ④ ⑤ ⑥ ⑦ ⑧ ⑨ ⓪
35	① ② ③ ④ ⑤ ⑥ ⑦ ⑧ ⑨ ⓪
36	① ② ③ ④ ⑤ ⑥ ⑦ ⑧ ⑨ ⓪
37	① ② ③ ④ ⑤ ⑥ ⑦ ⑧ ⑨ ⓪
38	① ② ③ ④ ⑤ ⑥ ⑦ ⑧ ⑨ ⓪
39	① ② ③ ④ ⑤ ⑥ ⑦ ⑧ ⑨ ⓪
40	① ② ③ ④ ⑤ ⑥ ⑦ ⑧ ⑨ ⓪
41	① ② ③ ④ ⑤ ⑥ ⑦ ⑧ ⑨ ⓪
42	① ② ③ ④ ⑤ ⑥ ⑦ ⑧ ⑨ ⓪
43	① ② ③ ④ ⑤ ⑥ ⑦ ⑧ ⑨ ⓪
44	① ② ③ ④ ⑤ ⑥ ⑦ ⑧ ⑨ ⓪
45	① ② ③ ④ ⑤ ⑥ ⑦ ⑧ ⑨ ⓪

- - - キ リ ト リ 線 - - -

第　　回　高等学校卒業程度認定試験

生物基礎　解答用紙

氏　名

（注意事項）
1. 記入はすべてHまたはHBの黒色鉛筆を使用してください。
2. 訂正するときは、プラスチックの消しゴムで丁寧に消し、消しくずを残さないでください。
3. 所定の記入欄以外には何も記入しないでください。
4. 解答用紙を汚したり、折り曲げたりしないでください。
5. マーク例

良い例　●

悪い例　◑ ⬟ ◐ ⊖ ◓ ⊘

受験番号　⇒

	①
	⓪①②③④⑤⑥⑦⑧⑨
	⓪①②③④⑤⑥⑦⑧⑨
	⓪①②③④⑤⑥⑦⑧⑨
	⓪①②③④⑤⑥⑦⑧⑨

生年月日　⇒

年号		
明治（M）大正（T）昭和（S）平成（H）	⓪①②③④⑤⑥⑦⑧⑨	⓪①
	⓪①②③④⑤⑥⑦⑧⑨	⓪①
	①②③④⑤⑥⑦⑧⑨	⓪①
	⓪①②③④⑤⑥⑦⑧⑨	⓪①

受験地

北海道	○	滋賀	○	
青森	○	京都	○	
岩手	○	大阪	○	
宮城	○	兵庫	○	
秋田	○	奈良	○	
山形	○	和歌山	○	
福島	○	鳥取	○	
茨城	○	島根	○	
栃木	○	岡山	○	
群馬	○	広島	○	
埼玉	○	山口	○	
千葉	○	徳島	○	
東京	○	香川	○	
神奈川	○	愛媛	○	
新潟	○	高知	○	
富山	○	福岡	○	
石川	○	佐賀	○	
福井	○	長崎	○	
山梨	○	熊本	○	
長野	○	大分	○	
岐阜	○	宮崎	○	
静岡	○	鹿児島	○	
愛知	○	沖縄	○	
三重	○			

解答番号	解　答　欄　1 2 3 4 5 6 7 8 9 0
1	①②③④⑤⑥⑦⑧⑨⓪
2	①②③④⑤⑥⑦⑧⑨⓪
3	①②③④⑤⑥⑦⑧⑨⓪
4	①②③④⑤⑥⑦⑧⑨⓪
5	①②③④⑤⑥⑦⑧⑨⓪
6	①②③④⑤⑥⑦⑧⑨⓪
7	①②③④⑤⑥⑦⑧⑨⓪
8	①②③④⑤⑥⑦⑧⑨⓪
9	①②③④⑤⑥⑦⑧⑨⓪
10	①②③④⑤⑥⑦⑧⑨⓪
11	①②③④⑤⑥⑦⑧⑨⓪
12	①②③④⑤⑥⑦⑧⑨⓪
13	①②③④⑤⑥⑦⑧⑨⓪
14	①②③④⑤⑥⑦⑧⑨⓪
15	①②③④⑤⑥⑦⑧⑨⓪

解答番号	解　答　欄　1 2 3 4 5 6 7 8 9 0
16	①②③④⑤⑥⑦⑧⑨⓪
17	①②③④⑤⑥⑦⑧⑨⓪
18	①②③④⑤⑥⑦⑧⑨⓪
19	①②③④⑤⑥⑦⑧⑨⓪
20	①②③④⑤⑥⑦⑧⑨⓪
21	①②③④⑤⑥⑦⑧⑨⓪
22	①②③④⑤⑥⑦⑧⑨⓪
23	①②③④⑤⑥⑦⑧⑨⓪
24	①②③④⑤⑥⑦⑧⑨⓪
25	①②③④⑤⑥⑦⑧⑨⓪
26	①②③④⑤⑥⑦⑧⑨⓪
27	①②③④⑤⑥⑦⑧⑨⓪
28	①②③④⑤⑥⑦⑧⑨⓪
29	①②③④⑤⑥⑦⑧⑨⓪
30	①②③④⑤⑥⑦⑧⑨⓪

解答番号	解　答　欄　1 2 3 4 5 6 7 8 9 0
31	①②③④⑤⑥⑦⑧⑨⓪
32	①②③④⑤⑥⑦⑧⑨⓪
33	①②③④⑤⑥⑦⑧⑨⓪
34	①②③④⑤⑥⑦⑧⑨⓪
35	①②③④⑤⑥⑦⑧⑨⓪
36	①②③④⑤⑥⑦⑧⑨⓪
37	①②③④⑤⑥⑦⑧⑨⓪
38	①②③④⑤⑥⑦⑧⑨⓪
39	①②③④⑤⑥⑦⑧⑨⓪
40	①②③④⑤⑥⑦⑧⑨⓪
41	①②③④⑤⑥⑦⑧⑨⓪
42	①②③④⑤⑥⑦⑧⑨⓪
43	①②③④⑤⑥⑦⑧⑨⓪
44	①②③④⑤⑥⑦⑧⑨⓪
45	①②③④⑤⑥⑦⑧⑨⓪

ーーーーーーキリトリ線ーーーーーー

第　回　高等学校卒業程度認定試験

生物基礎　解答用紙

氏　名

（注意事項）
1. 記入はすべてHBまたはHBの黒色鉛筆を使用してください。
2. 訂正するときは、プラスチックの消しゴムで丁寧に消し、消しくずを残さないでください。
3. 所定の記入欄以外には何も記入しないでください。
4. 解答用紙を汚したり、折り曲げたりしないでください。

5. マーク例

良い例	悪い例
●	◐ ◖ ◗ ◍ ◑ ⊘

生年月日 ⇒

年号							
明治 Ⓜ	⓪ ① ② ③ ④ ⑤ ⑥ ⑦ ⑧ ⑨
大正 Ⓣ	⓪ ① ② ③
昭和 Ⓢ	⓪ ① ② ③ ④ ⑤ ⑥ ⑦ ⑧ ⑨
平成 Ⓗ	⓪ ①
	⓪ ① ② ③ ④ ⑤ ⑥ ⑦ ⑧ ⑨
	⓪ ① ② ③ ④ ⑤ ⑥ ⑦ ⑧ ⑨

受験番号 ⇒

⓪ ① ② ③ ④ ⑤ ⑥ ⑦ ⑧ ⑨
⓪ ① ② ③ ④ ⑤ ⑥ ⑦ ⑧ ⑨
⓪ ① ② ③ ④ ⑤ ⑥ ⑦ ⑧ ⑨
①

受験地

北海道 ○	滋賀 ○
青森 ○	京都 ○
岩手 ○	大阪 ○
宮城 ○	兵庫 ○
秋田 ○	奈良 ○
山形 ○	和歌山 ○
福島 ○	鳥取 ○
茨城 ○	島根 ○
栃木 ○	岡山 ○
群馬 ○	広島 ○
埼玉 ○	山口 ○
千葉 ○	徳島 ○
東京 ○	香川 ○
神奈川 ○	愛媛 ○
新潟 ○	高知 ○
富山 ○	福岡 ○
石川 ○	佐賀 ○
福井 ○	長崎 ○
山梨 ○	熊本 ○
長野 ○	大分 ○
岐阜 ○	宮崎 ○
静岡 ○	鹿児島 ○
愛知 ○	沖縄 ○
三重 ○	

解答番号	解答欄 1 2 3 4 5 6 7 8 9 0
1	① ② ③ ④ ⑤ ⑥ ⑦ ⑧ ⑨ ⓪
2	① ② ③ ④ ⑤ ⑥ ⑦ ⑧ ⑨ ⓪
3	① ② ③ ④ ⑤ ⑥ ⑦ ⑧ ⑨ ⓪
4	① ② ③ ④ ⑤ ⑥ ⑦ ⑧ ⑨ ⓪
5	① ② ③ ④ ⑤ ⑥ ⑦ ⑧ ⑨ ⓪
6	① ② ③ ④ ⑤ ⑥ ⑦ ⑧ ⑨ ⓪
7	① ② ③ ④ ⑤ ⑥ ⑦ ⑧ ⑨ ⓪
8	① ② ③ ④ ⑤ ⑥ ⑦ ⑧ ⑨ ⓪
9	① ② ③ ④ ⑤ ⑥ ⑦ ⑧ ⑨ ⓪
10	① ② ③ ④ ⑤ ⑥ ⑦ ⑧ ⑨ ⓪
11	① ② ③ ④ ⑤ ⑥ ⑦ ⑧ ⑨ ⓪
12	① ② ③ ④ ⑤ ⑥ ⑦ ⑧ ⑨ ⓪
13	① ② ③ ④ ⑤ ⑥ ⑦ ⑧ ⑨ ⓪
14	① ② ③ ④ ⑤ ⑥ ⑦ ⑧ ⑨ ⓪
15	① ② ③ ④ ⑤ ⑥ ⑦ ⑧ ⑨ ⓪

解答番号	解答欄 1 2 3 4 5 6 7 8 9 0
16	① ② ③ ④ ⑤ ⑥ ⑦ ⑧ ⑨ ⓪
17	① ② ③ ④ ⑤ ⑥ ⑦ ⑧ ⑨ ⓪
18	① ② ③ ④ ⑤ ⑥ ⑦ ⑧ ⑨ ⓪
19	① ② ③ ④ ⑤ ⑥ ⑦ ⑧ ⑨ ⓪
20	① ② ③ ④ ⑤ ⑥ ⑦ ⑧ ⑨ ⓪
21	① ② ③ ④ ⑤ ⑥ ⑦ ⑧ ⑨ ⓪
22	① ② ③ ④ ⑤ ⑥ ⑦ ⑧ ⑨ ⓪
23	① ② ③ ④ ⑤ ⑥ ⑦ ⑧ ⑨ ⓪
24	① ② ③ ④ ⑤ ⑥ ⑦ ⑧ ⑨ ⓪
25	① ② ③ ④ ⑤ ⑥ ⑦ ⑧ ⑨ ⓪
26	① ② ③ ④ ⑤ ⑥ ⑦ ⑧ ⑨ ⓪
27	① ② ③ ④ ⑤ ⑥ ⑦ ⑧ ⑨ ⓪
28	① ② ③ ④ ⑤ ⑥ ⑦ ⑧ ⑨ ⓪
29	① ② ③ ④ ⑤ ⑥ ⑦ ⑧ ⑨ ⓪
30	① ② ③ ④ ⑤ ⑥ ⑦ ⑧ ⑨ ⓪

解答番号	解答欄 1 2 3 4 5 6 7 8 9 0
31	① ② ③ ④ ⑤ ⑥ ⑦ ⑧ ⑨ ⓪
32	① ② ③ ④ ⑤ ⑥ ⑦ ⑧ ⑨ ⓪
33	① ② ③ ④ ⑤ ⑥ ⑦ ⑧ ⑨ ⓪
34	① ② ③ ④ ⑤ ⑥ ⑦ ⑧ ⑨ ⓪
35	① ② ③ ④ ⑤ ⑥ ⑦ ⑧ ⑨ ⓪
36	① ② ③ ④ ⑤ ⑥ ⑦ ⑧ ⑨ ⓪
37	① ② ③ ④ ⑤ ⑥ ⑦ ⑧ ⑨ ⓪
38	① ② ③ ④ ⑤ ⑥ ⑦ ⑧ ⑨ ⓪
39	① ② ③ ④ ⑤ ⑥ ⑦ ⑧ ⑨ ⓪
40	① ② ③ ④ ⑤ ⑥ ⑦ ⑧ ⑨ ⓪
41	① ② ③ ④ ⑤ ⑥ ⑦ ⑧ ⑨ ⓪
42	① ② ③ ④ ⑤ ⑥ ⑦ ⑧ ⑨ ⓪
43	① ② ③ ④ ⑤ ⑥ ⑦ ⑧ ⑨ ⓪
44	① ② ③ ④ ⑤ ⑥ ⑦ ⑧ ⑨ ⓪
45	① ② ③ ④ ⑤ ⑥ ⑦ ⑧ ⑨ ⓪

－ － キ リ ト リ 線 － －

第　回　高等学校卒業程度認定試験

生物基礎　解答用紙

氏　名

受験番号　⇒

受	験	地		
北海道	○	滋 賀	○
青 森	○	京 都	○
岩 手	○	大 阪	○
宮 城	○	兵 庫	○
秋 田	○	奈 良	○
山 形	○	和歌山	○
福 島	○	鳥 取	○
茨 城	○	島 根	○
栃 木	○	岡 山	○
群 馬	○	広 島	○
埼 玉	○	山 口	○
千 葉	○	徳 島	○
東 京	○	香 川	○
神奈川	○	愛 媛	○
新 潟	○	高 知	○
富 山	○	福 岡	○
石 川	○	佐 賀	○
福 井	○	長 崎	○
山 梨	○	熊 本	○
長 野	○	大 分	○
岐 阜	○	宮 崎	○
静 岡	○	鹿児島	○
愛 知	○	沖 縄	○
三 重	○		

解答番号	解　答　欄　1 2 3 4 5 6 7 8 9 0
1	① ② ③ ④ ⑤ ⑥ ⑦ ⑧ ⑨ ⑩
2	① ② ③ ④ ⑤ ⑥ ⑦ ⑧ ⑨ ⑩
3	① ② ③ ④ ⑤ ⑥ ⑦ ⑧ ⑨ ⑩
4	① ② ③ ④ ⑤ ⑥ ⑦ ⑧ ⑨ ⑩
5	① ② ③ ④ ⑤ ⑥ ⑦ ⑧ ⑨ ⑩
6	① ② ③ ④ ⑤ ⑥ ⑦ ⑧ ⑨ ⑩
7	① ② ③ ④ ⑤ ⑥ ⑦ ⑧ ⑨ ⑩
8	① ② ③ ④ ⑤ ⑥ ⑦ ⑧ ⑨ ⑩
9	① ② ③ ④ ⑤ ⑥ ⑦ ⑧ ⑨ ⑩
10	① ② ③ ④ ⑤ ⑥ ⑦ ⑧ ⑨ ⑩
11	① ② ③ ④ ⑤ ⑥ ⑦ ⑧ ⑨ ⑩
12	① ② ③ ④ ⑤ ⑥ ⑦ ⑧ ⑨ ⑩
13	① ② ③ ④ ⑤ ⑥ ⑦ ⑧ ⑨ ⑩
14	① ② ③ ④ ⑤ ⑥ ⑦ ⑧ ⑨ ⑩
15	① ② ③ ④ ⑤ ⑥ ⑦ ⑧ ⑨ ⑩

解答番号	解　答　欄　1 2 3 4 5 6 7 8 9 0
16	① ② ③ ④ ⑤ ⑥ ⑦ ⑧ ⑨ ⑩
17	① ② ③ ④ ⑤ ⑥ ⑦ ⑧ ⑨ ⑩
18	① ② ③ ④ ⑤ ⑥ ⑦ ⑧ ⑨ ⑩
19	① ② ③ ④ ⑤ ⑥ ⑦ ⑧ ⑨ ⑩
20	① ② ③ ④ ⑤ ⑥ ⑦ ⑧ ⑨ ⑩
21	① ② ③ ④ ⑤ ⑥ ⑦ ⑧ ⑨ ⑩
22	① ② ③ ④ ⑤ ⑥ ⑦ ⑧ ⑨ ⑩
23	① ② ③ ④ ⑤ ⑥ ⑦ ⑧ ⑨ ⑩
24	① ② ③ ④ ⑤ ⑥ ⑦ ⑧ ⑨ ⑩
25	① ② ③ ④ ⑤ ⑥ ⑦ ⑧ ⑨ ⑩
26	① ② ③ ④ ⑤ ⑥ ⑦ ⑧ ⑨ ⑩
27	① ② ③ ④ ⑤ ⑥ ⑦ ⑧ ⑨ ⑩
28	① ② ③ ④ ⑤ ⑥ ⑦ ⑧ ⑨ ⑩
29	① ② ③ ④ ⑤ ⑥ ⑦ ⑧ ⑨ ⑩
30	① ② ③ ④ ⑤ ⑥ ⑦ ⑧ ⑨ ⑩

受験番号　⇒

生年月日　⇒

年号　明治（M）大正（T）昭和（S）平成（H）

解答番号	解　答　欄　1 2 3 4 5 6 7 8 9 0
31	① ② ③ ④ ⑤ ⑥ ⑦ ⑧ ⑨ ⑩
32	① ② ③ ④ ⑤ ⑥ ⑦ ⑧ ⑨ ⑩
33	① ② ③ ④ ⑤ ⑥ ⑦ ⑧ ⑨ ⑩
34	① ② ③ ④ ⑤ ⑥ ⑦ ⑧ ⑨ ⑩
35	① ② ③ ④ ⑤ ⑥ ⑦ ⑧ ⑨ ⑩
36	① ② ③ ④ ⑤ ⑥ ⑦ ⑧ ⑨ ⑩
37	① ② ③ ④ ⑤ ⑥ ⑦ ⑧ ⑨ ⑩
38	① ② ③ ④ ⑤ ⑥ ⑦ ⑧ ⑨ ⑩
39	① ② ③ ④ ⑤ ⑥ ⑦ ⑧ ⑨ ⑩
40	① ② ③ ④ ⑤ ⑥ ⑦ ⑧ ⑨ ⑩
41	① ② ③ ④ ⑤ ⑥ ⑦ ⑧ ⑨ ⑩
42	① ② ③ ④ ⑤ ⑥ ⑦ ⑧ ⑨ ⑩
43	① ② ③ ④ ⑤ ⑥ ⑦ ⑧ ⑨ ⑩
44	① ② ③ ④ ⑤ ⑥ ⑦ ⑧ ⑨ ⑩
45	① ② ③ ④ ⑤ ⑥ ⑦ ⑧ ⑨ ⑩